敦煌往事

[日]松冈让 ◎ 著
まつおか
ゆずる

潘郁灵　陈燕青 ◎ 译

新世界出版社
NEW WORLD PRESS

图书在版编目（CIP）数据

敦煌往事 /（日）松冈让著；潘郁灵，陈燕青译. -- 北京：新世界出版社，2023.4（2024.7 重印）
ISBN 978-7-5104-7696-9

Ⅰ.①敦… Ⅱ.①松…②潘…③陈… Ⅲ.①敦煌石窟—历史文物—研究 Ⅳ.① K879.214

中国国家版本馆 CIP 数据核字（2023）第 062470 号

敦煌往事

作　　者：	松冈让
译　　者：	潘郁灵　陈燕青
责任编辑：	张晓翠
责任校对：	宣　慧　张杰楠
责任印制：	王宝根
出　　版：	新世界出版社
网　　址：	http://www.nwp.com.cn
社　　址：	北京西城区百万庄大街 24 号（100037）
发 行 部：	(010)6899 5968（电话）　(010)6899 0635（电话）
总 编 室：	(010)6899 5424（电话）　(010)6832 6679（传真）
版 权 部：	+8610 6899 6306（电话）　nwpcd@sina.com（电邮）
印　　刷：	天津旭丰源印刷有限公司
经　　销：	新华书店
开　　本：	880mm×1230mm　1/32　尺寸：145mm×210mm
字　　数：	147 千字　　　　　　　印张：8
版　　次：	2023 年 4 月第 1 版　　2024 年 7 月第 3 次印刷
书　　号：	ISBN 978-7-5104-7696-9
定　　价：	58.00 元

版权所有，侵权必究
凡购本社图书，如有缺页、倒页、脱页等印装错误，可随时退换。
客服电话：(010)6899 8638

导读：《敦煌往事》的现代意义

对于日本人而言，敦煌之旅曾是一道萦绕心头但难以实现的夙愿。好在随着近年的解禁，转机随之出现，敦煌热又开始持续地升温。

说到敦煌热，实际上这是战后[1]的第二次热潮了。

昭和三十三年（1958年）的一月至二月，在东京和京都举办了"中国敦煌艺术展"，由此掀起了第一次敦煌热。那场展会上亮相的，除了极尽华丽的莫高窟西魏第二八五窟实物等比例大型仿制品，还有数量达三百余件的敦煌莫高窟壁画摹本和珍贵照片。作品的时间跨度也从北魏、西夏到元代，横跨了一千多年的时间。所有展品无一不是敦煌文物研究所[2]工作人员历时多年的呕心沥血之作。

壮观的展览，带给人们极大的心灵震撼。尽管当时中日两国尚未恢复邦交正常化，但是，那场"中国敦煌艺术展"让我们深切感受到了新中国的焕然一新和蓬勃朝气。而且，

---

[1] 指第二次世界大战的战后。——译者注
[2] 1944年，中国国立敦煌艺术研究所成立；1955年改组为敦煌文物研究所；20世纪80年代扩建为敦煌研究院。此处原文为"敦煌文物研究所"，予以保留。——编者注（除特别注明外，其他均为译者注。）

有这种感慨的并非只是我们日本人。在此次展览之前的1955年，北京举办的首场敦煌艺术展便吸引了近五十万观众入场观展。之后，敦煌艺术品更是相继在欧洲各国及印度等地举办巡回展，每到一处均博得当地民众的盛赞。

一晃二十年过去了，如今敦煌热再次以空前的力度席卷而来，只是世事难料，这期间又平添了几多波折。中日两国于1972年实现了邦交正常化，但在此之前，中国发生了波及全国的"文化大革命"，以敦煌莫高窟为代表的各地佛教遗迹一度面临岌岌可危的险境。如果没有中国"文化大革命"的结束，恐怕也不会等来敦煌莫高窟的重新开放吧。

在时间的洪流中，敦煌文物研究所的工作人员始终心无旁骛，倾力守护，默默地为我们守护着这份伟大的世界文化遗产。

早在日中战争[1]爆发前，敦煌热便穿越时代的喧嚣与险恶，悄然兴起过。松冈让《敦煌往事》[2]一书正是随着这股"敦煌热"问世的。它讲述的各国探险家们肆无忌惮地盗窃、骗取、抢夺莫高窟古籍文物的故事，堪称"文化侵略古战场"。

这本《敦煌往事》，松冈让最初起笔创作于这次战争爆

---

[1] 指日本侵华战争（1931年—1945年）。——编者注
[2] 日文版书名为《敦煌物语》。——编者注

发后不久的昭和十二年（1937年），同年，初稿在《改造》杂志十月号发表。昭和十八年（1943年），在增加了大量篇幅后，《敦煌往事》全新定稿单行本付梓。

值得一提的是，单行本由作者亲自执笔修订，在修订中对词句做了更加通俗的修改。昭和三十六年（1961年），修订稿作为现代日本人撰写的一部中国文化名作，与石田干之助的作品《长安之春》一道，被收录进平凡社版的《世界文化全集》第十八卷。本次面世的学术文库版，就是以此为底本的。

这本松冈让的《敦煌往事》，之所以在今天仍然具有重要意义——不，应该说，之所以在今日热闹纷繁的丝绸之路话题中仍然独具积极意义，其秘密就在于作者对敦煌的深沉的热爱。正是这份深沉的热爱，让作者并未囿于作品的文化史小说体裁，它引领着作者广泛涉猎、深入研究海量的东西方文化交流史等相关文献资料，包括英国的M. A. 斯坦因、法国的P. 伯希和等西方列强探险家的研究报告，以及以《大唐西域记》为代表的各种典籍史料。因此作为一本通俗著作，此书更让我们感觉像是一本亲近敦煌、了解丝绸之路的入门书籍。

这就是为什么饱含深情的作者自己把本书称为"文化史小说"。在战后的今天，它仍不失为一本具有高度历史参考价值的书籍，就是因为绝大部分的内容都是对历史事实的精准描述。

学界有一个专门的词汇，叫敦煌学。它是以包括被斯坦因、伯希和等人盗取的敦煌佛教经卷、绢画等在内的所有敦煌文书、敦煌壁画为对象进行研究的一门学科。人们一度认为，斯坦因以区区四锭马蹄银换走莫高窟藏经洞内大量遗珍异宝的1907年具有纪念意义，因此将其作为敦煌学的肇始之年。

一直到近期，仍然有不少日本的敦煌学研究人员，对斯坦因、伯希和等人，甚至对那些无情地剥取莫高窟壁画、肆意盗走洞窟佛像的兰登·华尔纳之流肃然起敬，不过，本书作者松冈让却并不认同斯坦因、伯希和等人是开创敦煌学的肇始者。

松冈让对丝绸之路的兴趣，起源于玄奘三藏的《大唐西域记》，当然还有那本孙悟空横空出世、耀世登场的《西游记》及《唐诗选》等作品，这些作品孕育了他对滚滚流沙的向往。再进一步，昭和元年（1926年）第一次在正仓院观览皇室珍品时带来的感动和震撼，更是他对丝绸之路心生憧憬的直接原因。他透过敦煌的莫高窟看见了法隆寺，看见了正仓院。作为丝绸之路门户的敦煌，就这样成为松冈让注目的焦点。

松冈让不认同斯坦因、伯希和等人是开创敦煌学的肇始者之说，因为他一直对斯坦因、伯希和以及华尔纳等人的盗贼行径持批判态度。这就是作者的敦煌感悟。今天，我们翻开《敦煌往事》，依旧会对松冈让的叙述不由自主地产生强烈共鸣。

松冈让在讲述敦煌莫高窟历史时，提到刊发于清朝道光元年（1821年）由徐松所著的《西域水道记》。徐松是一位伟大的地理学家和历史学家，早在19世纪便踏上了游历敦煌莫高窟的旅程。这要比斯坦因们足足早了一个世纪。如果要说敦煌学的肇始，无论如何绕不开徐松的名字，而不是归于斯坦因之流。

新时代的敦煌学，首先应当从还原真实的历史原貌出发。从这点来看，今天的我们更应当重新认识松冈让的这本《敦煌往事》。

上原和（日本成城大学教授）
1981年

日文版自序

《敦煌往事》动笔于中国事变[1]发生不久后的昭和十二年（1937年）秋，同年在《改造》十月刊上发表。出于种种原因，成书十分仓促，瑕疵百出。因此我时时提醒自己，日后若有机会，定要仔细修改一番。幸而得了这个机会，于是整个夏天都埋头于案前，总算使这份初稿改头换面，内容也充实到了原来的近三倍，我也终于达成了最初的计划。

数年来，我对敦煌一事一直耿耿于怀，如今终于彻底释怀，单从这一点来看，此次修改于我而言算是一大幸事。关于作品本身，初稿中对英国探险队回程之前的记述较为详尽，对后来法日两国探险家的描述却十分粗略，尤其是对于日本探险队，只是轻描淡写，一笔带过。无论从哪个角度来看都是一本粗糙至极、令人贻笑大方的拙劣之作。经本次修改，书稿终于初具雏形，本人甚感欣慰。

我对西域的兴趣始于日本学者堀谦德先生的《解说大唐西域记》。大家应该都有过学习东方史的经历，随着政权的

---

[1] 指1937年7月日本开始全面侵华的卢沟桥事变。——编者注

更迭变化，西域三十六国（后来又分为五十余国）所在的中亚地区，如突厥斯坦等地区，其名称也不断发生变化，光是这些名字就让人应接不暇，其对应的文字也十分生僻，让很多人望而却步。因为太过复杂，很多人学到最后还是一头雾水。而堀先生的作品对玄奘三藏旅行记进行了深入细致的研究和考证，可以说是我的入门读物，它让我收获了梦想和知识，也激发了我对西域的兴趣，对此我感激不已。

后来我又从羽溪了谛先生的《西域之佛教》、渡边海旭先生的《欧美之佛教》等著作中受到了启发。坦白说，当时我只是把西域看作佛教东渐过程中途经的一个区域罢了。

我至今还记得，读了《大唐西域记》后，我对刻画了孙悟空形象的《西游记》，以及马可·波罗的《东方见闻录》等作品，都产生了浓厚的兴趣。

直到昭和初年（1926年），我第一次参观了正仓院，深受感动与震撼，也由此开始认识到，自己的眼光不能仅仅局限在这小小的日本，而应该放眼于灿烂的东方文化，用世界性的视角来认识日本的历史。

就这样，我的思绪跨越了半岛，飘向了遥远的长安，又穿过天山南北麓的"丝绸之路"，抵达更加遥远的印度，甚至近东、西欧。就像长崎曾经是日本接收近代欧洲文化的窗口一样，西域之门敦煌曾经也发挥了同样甚至更大的作用。我的目光最终聚焦到了这座城市。这里会不会有"法隆寺"，会不会有"正仓院"呢？……

当时我并不确定，现实中是否有这样的地方存在，但我开始萌生这样的期待。后来，在矢吹庆辉先生的引导下，我开始接触斯坦因的作品。当时日本的第一轮敦煌热已经退去，矢吹博士的《三阶教研究》《大正一切经》中对敦煌出土经卷的描述所引发的"入藏潮"也尚未兴起，我这个"门外汉"却偏偏选择了这个时候，可以说是无知者无畏。

通过斯坦因和伯希和的作品，我逐渐认识了位于中国西北相当于"法隆寺"和"正仓院"的千佛洞，尽情地欣赏着千佛洞的照片。通读这些作品后，我又浏览了格伦威德尔[1]和勒柯克[2]等学者的研究，此后又研习了羽田亨先生的《西域文明史概论》，至此才算正式入门。

直到这时候，我才惊讶地发现，此前一直被自己忽视的《唐诗选》中很多诗歌都与西域有关，充满了异域风情。甚至还发现奈良附近的古寺遗物中有很多也与敦煌文物一脉相承，这些发现总是让我大受震惊、感触良多。

后来，我的兴趣几经变化，将目光放在了斯文·赫定[3]、荣赫鹏[4]等探险家撰写的各个年代的西域旅行记上。

就在这时，"中国事变"爆发了。早在前一年西安事变发生时，由于西安原是十三朝古都长安，又是红色路线（又名西北路线）[5]的起点，我就对这片自己熟悉的土地格外关

---

[1] 德国的东方学者，考古学家。
[2] 德国的东方学者，考古学家。
[3] 瑞典人，探险家，楼兰古国的发现者。——编者注
[4] 英国探险家，是1904年英国侵略军占领拉萨的司令官。——编者注
[5] 日本侵华战争期间，盟国援华路线之一。——编者注

注。事变后不久,海鹫[1]就对兰州的军事设施发动了大规模空袭,这让我更加朝暮悬想。我想,我不能去前线,就在后方通过文化活动唤起更多有识之士对敦煌的关注也至关重要,于是在匆忙之间编写了此书,也就是前文提到的"初稿"。

因为我本身习惯了写小说,所以这篇作品的文体更接近于小说。但它究竟是不是小说,或者说能不能称得上是小说,这就要交给各位有识之士来评判了。对于我自己来说,这部作品也算是小说的一种,虽然我不知道是否存在这样的分类,但我个人希望将它归类为"文化史小说"。我认为,这可能是今后日本小说界的一种不可或缺的文体,所以特意在序文中加入了这段内容。

本书中英国探险家的部分主要参考了斯坦因第二次探险旅行记《中国沙漠中的遗址》及其研究报告《西域考古图记》,法国探险家的部分则主要依据伯希和所作图录中的序文、羽田博士的介绍文、石滨纯太郎先生的《敦煌石室的遗书》等著作撰写,日本探险家的部分则得益于《新西域记》,其中汇集了大谷探险队前后三次派往各地的各分遣队的探险记,另外,橘瑞超先生的《中亚探险》也发挥了重要作用。

橘瑞超是大谷探险队第二次、第三次探险的核心人物。他从十八岁到二十二岁的五年时间全部在大漠探险旅行,在

---

[1] 日本人称海军航空兵的飞机为"海鹫"。

第三次探险时才去了敦煌。当我还是一名普通的高中生时，这位和我仅有两岁之差的青年僧人便完成了世界水平的探险。可惜的是，数年前的一场火灾将他当时的记录，也就是第一手资料全部付之一炬，仅有《新西域记》所载的三篇文章侥幸存世，其中两篇是对演讲笔记所做的整理，另一篇则对书信进行了整理。

我想在书中塑造一位能够代表新兴日本的杰出青年，所以借用了橘先生的故事并且刻意未使用先生的本名，特在此声明。

西域地区的地名历来十分棘手，比如，读出"乌鲁木齐"四个字并不困难，但根据读音写出"乌鲁木齐"四个汉字却并非易事。要查证古时候对应的名称，着实令人头疼。吐鲁番、库车、喀什、和阗同样面临类似的问题，考证、确认它们变迁的历史就是一项非常艰巨的任务。在本书中，为了尽量避免混乱，统一用故事发生时的名称表示。

关于敦煌，既可以写作"燉煌"，又可以写作"敦煌"，两种写法均可见于中国的地理书中，而且大部分书籍都是两者并用。"燉"更具西域色彩，或者说更具有异域风情，我也这样认为，但在我看来，使用较为熟悉的汉字更能方便读者阅读，因此刻意使用了"敦"字。

每每著书，总要蒙受师友关照，此次更是给诸位师友添了很多麻烦。除了松本博士和青山为我提供的帮助，在此我还要特别感谢石田干之助教授，因为这本书对于我这纯粹的学术门外汉来说的确比较困难，而石田教授在文献方面给予了我悉心的指导，可以说是我的恩人。在一高[1]读书期间，石田曾是我的同窗，此次他愿意为我提供恳切的指导，不仅仅是因为昔日的交情，更是为了敦煌。而我从他的著作中也得到了很多启发。毫无疑问，若仅凭我一人之力，从茫茫文献中收集资料，结局必然是劳而少功甚至劳而无功。我这样的外行能在如此短暂的时间内大致掌握文献信息，全仰仗于他的帮助。

外行的悲哀就在于仅仅对手头的书有所了解。而很多文献即便想尽办法搜集，也未必能入手。另外，由于很多文献属于珍贵典籍或珍本，所以连借阅都十分困难，这也是一大难题。这时，庆应义塾大学教授圆乾治先生以及帝国图书馆司书[2]冈田温怀着满腔热情，为我提供了无私的帮助。帝室博物馆鉴查官秋山光夫、东洋文库主事岩井大慧同样也给予了特殊关照。绘画大师中村不折还让我参观了他自己的私人博物馆，向我展示了自己珍藏的数十卷敦煌经卷，让我对古代有了更为直观的认识，在本书的创作过程中提供了莫大的帮助。

本书的装帧、照片拍摄、书稿誊清以及其他出版相关事

---

[1] 旧制第一高等学校，略称"一高"，现在是东京大学教养学部的一部分，也是最早设立的公立旧制高等学校。
[2] 日本根据图书馆法设置的图书馆正式职员。

宜则全权托付给了青山、日下部兄弟、浅野一也、国安芳雄等人，特此附记，以示感谢。另外，此书写作过程中，还劳烦冈田详细调查了参考文献的出版社、刊行年份等信息，在此表示由衷的感谢。

松冈让

1943年

目录

- 一 楼兰古经　001
- 二 丝绸之路　011
- 三 英国探险队　027
- 四 前往千佛洞　049
- 五 石室的秘密　069
- 六 马蹄银的诱惑　085
- 七 法国探险队　103
- 八 宝山　117
- 九 北京的波折　137
- 十 大谷使节团　159
- 十一 西藏无人区　173
- 十二 前往敦煌　189
- 十三 满载而归　203
- 十四 尘缘如梦　219
- 挚爱敦煌——记佛教徒松冈让　227

一 楼兰古经

"这就是绝世珍宝：楼兰经。它出土于那个被中亚的黄沙湮没而销声匿迹，又因世界级探险家斯文·赫定和斯坦因的发现而蜚声世界的楼兰古国。

"虽然它已经面目全非，只剩短短十行，却是世界上有纪年的最早的写经。这里出现的'甘露元年'是三国曹魏时期的年号，距今约一千七百年。

"如君所见，它的书写字体为汉代的古隶，由一种类似于鹅毛笔的粗毛笔写成，字迹略略倾斜，犹如雨丝飘落，运笔看似随意，其实如静水流深，需要有厚积薄发的功力。仔细品味，便能体味到古人所特有的一种天然畅快之美，看不出一丝矫揉造作。生活在工业时代的我们是无论如何也写不出这种字的。"

楼兰古经的主人用手捻着嘴边恣意生长的白须，眯起了眼睛，仿佛沉醉在古人的世界。他不经意地用舌头舔了舔嘴唇，微微点着头，好像在说自己已经鉴赏过了，眼前折本里贴着的残卷，的确是无上珍品。

残卷上，虽然文字勉勉强强被保留了下来，但两边已经被腐蚀成了锯齿状，十分破旧。一行行文字被小心翼翼地粘贴在薄薄的折子本上，每行大约十个字。虽是佛经，也有"空即是色，色即是空"等常见的庄严辞句，却丝毫没有《天平写经》[1]文字里那种郑重其事、一笔不苟的压迫感，相反，眼前的文字里洋溢着天真与烂漫，让人忍不住联想起飞鸟大佛[2]那古朴的微笑，让人觉得豁然开朗，似乎是将微妙的佛理藏在广袤的天地间。

我出神地望着眼前的古经，只觉得古代独有的美感扑面而来，我甚至觉得，那个抄经的古人和他生活的时代与我近在咫尺。

看着看着，我突然发现在卷首下方有两个非常漂亮的红色阳文钤印，其中一个有些地方已经破损，却还能辨认出是"孔固亭"三个字。我指着这三个字询问古经的主人，他笑着答道：

"啊，这是别人送给我的。很久以前，它的主人是林大学头[3]，后来几经辗转名家之手，才到我这里。'孔固'应该是《尚书》里面出现的词句。最后被我这个耳垢栓塞[4]的老头子收藏，也应该算是天意吧！哈哈……"

---

[1] 指日本天平年间（公元729年到公元749年）的写经。
[2] 日本飞鸟时代（公元592年到公元710年）所造佛像的总称。
[3] 林复斋，江户后期的儒学家。
[4] 日语"耳垢栓塞"的表达中有"穴"和"塞"这两个字，而"固"在日语里有结块的意思，古经主人在这里用"穴"来对应"孔"，用"塞"来对应"固"，是一种自嘲和逗趣。

"孔固亭"旁边印写的是"唐经□所藏印",其中有一个字没办法辨认,应该是中国古代某位著名收藏家所盖的珍藏钤印。日本将唐代及以前的写经都一律称为"唐经",说来有些奇怪。

我毕恭毕敬地将折本合上,发现折本封面是一种丝织品,上面织着的图案是盛放的兰花,旁边有一只银色羽毛的鸟儿振翅欲飞。这幅工笔花卉看上去颇有明治时期的风味,我不禁暗暗揣想它究竟出自哪位大师之手。古经主人似乎看透了我的心思,主动解释道:

"这种丝织品叫作缂丝,翻译成日语就是'缀锦'。宋明时代在中国本土非常流行。虽然这种丝织品出现的时间要远远晚于写经的时间,但在中国种类繁多的丝织品中,它仍可以算是精品。"

这个薄薄的折本只有三页,上面也仅仅贴了十行文字,但此刻在我手中却如有千斤之重。我满怀虔诚,小心翼翼地把它放回已有虫蛀痕迹的桐木箱中。

这天下午有台风警报,门外的天空时晴时阴。说话间,一阵瓢泼大雨倾泻而下,屋外小树林在雨中摇来晃去,窗户上的玻璃也被雨水冲刷得干干净净。不一会儿雨过天晴,太阳又出来了,阳光透过树叶的缝隙在桌子的一角画出了一些不规则的光斑。

栖息在庭院中的蝉们也一齐鸣叫起来。午睡的人恐怕都要被这大合唱吵醒。然而，这位有些耳背的老人似乎并没有被屋外的喧闹所打扰，仍然静默如一座雕像。或者说，不仅蝉鸣声、风雨声无法扰乱这位老人的心神，就连当今险恶的形势都不能打破他内心的平静。

如今他已经七十多岁了。直到今天，他还在孜孜不倦地著书作画，然后用自己得到的润格买古代佛像，买碑碣，买古钱币，买砖瓦，买画像石，买铜器、玉器、买古镜、铜印，买古瓶，买武器，买古砚，买中国墨，买写经拓本、法帖……他已经拥有上万件藏品，其中不乏商周时期的藏品，这些藏品有一个共同点——都有文字，通过它们，后人可以一窥当时人们的生活状态。

主人的财富会随着时间的流逝而烟消云散，但他辛苦收藏的这些藏品却会被保存下来。古经主人在自己的宅邸中开辟了一个独立的小型博物馆，置身于自己穷尽一生心血收集来的古董文物中，远离世间一切世俗纷扰，数年前染上的耳疾亦成了他在现实中最有力的隔音屏障。

我坐在这家小博物馆的一间不知是图书室还是接待室的房间里，四周被塞得满满当当，没有一丝缝隙。桌子对面就是那位悠然自得、神采奕奕的老人，气色比青年人还好。在漫长夏日里这个阴晴不定的午后，在我想要和人聊聊的时刻,这个老人用属于古代的沉静浇灭了我心中那份现代的浮躁。

没有访客,四周寂静无人,玻璃窗外面的女侍者倚着桌子,身体一动不动,不知是醒着还是睡着了,宛如南画[1]中的人物。

玻璃窗外面的小树林发出沙啦沙啦的响声,这是唯一在活动的事物。陈列架的下方静静地排列着六朝和百济的佛像,相比之下,树林就显得有些吵闹。但其实树林里连一只苍蝇都没有。

或者,就连苍蝇都对这种宛如古代的沉寂避之不及,但我却像这位老者一样沉浸在另一个时空:因一方断碑上的墓志铭为古人黯然神伤,在一颗铜印的抓手上感受古人的手温,透过一个古瓶上的文字想象两千年前的人提笔挥毫的场景。

不知道是不是古经主人感应到了我的心思,正在整理板瓦[2]的他突然停了下来,指着一块三尺(约90厘米)长、刻有"急就章"字样的板瓦说道:

"这是中国最早的字典,相当于日本以前的《节用集》。像这样,每块板瓦上刻着十几个或者二十几个

---

[1] 日本绘画因受中国"南北宗论"影响,称"文人画"为"南画"。
[2] 一种带有曲面弧度的瓦。

字,既可以教人识字,又可以用作练字时的范本,这种做法实在高明,比老师逐字写在黑板上又多了几分妙趣。前些年来我这里参观的一个法国人伯希和,一位东方学者兼探险家,也曾被它深深折服。"

随着主人的解说,我眼前浮现出两千年前的孩子们像嗷嗷待哺的雏鸟一样,张着嘴跟着老师读"急、就、章"的情景,耳边仿佛也听到了那美妙的童声合唱。

的确,这座万籁俱寂的小博物馆里,一切物件都不是没有生命的静物,我甚至忍不住想,倘若在这里住上一宿,夜幕降临之后,会不会有古代的各方魂灵聚集到这里,讲述各种各样的传奇故事,吓得人整晚不敢合眼。果真如此的话,主人算是找到了一位很好的听众,而我也找到了一位不可多得的清谈之友。

这样想的时候,我突然觉得古经主人刚才从展示架上取下的那只博山炉里似乎还留着两千多年的香气,而且越是这样想,香气就越发浓烈。

古经主人的声音在身边缓缓响起:

"我原以为像伯希和那样有名的教授肯定是一位上了年纪的老学者,应该就像大学问家列维[1]那样有着飘

---

[1] 法国作家、哲学家、人类学家,留有长须。——编者注

逸的白须。然而当我见到他时才发现，他才刚刚五十出头，这着实让我大吃一惊。

"说起来应该是1908年，也就是明治四十一年的事情。在那之前，英国的斯坦因爵士带回去大量珍宝，于是伯希和去了敦煌的千佛洞，发现了极为珍贵的经卷和其他文物。在回程时，他特地去了北京，打开珍宝箱的盖子，将自己携带的珍品展示给中国学者，引起了极大的震动。推算起来，他那时候也还只是一个刚刚三十岁的青年。见面之后，发现他那么年轻，这着实让我十分意外。

"虽然后来日本的立花[1]也是刚满二十岁就投身于千佛洞的研究，但无论怎么说，伯希和也算是当时东方学者中一位响当当的人物。伯希和从那些被完全不认识汉字的斯坦因爵士翻拣得七零八落的经卷中挑选出了四五千卷经卷，十分令人佩服。

"我也向伯希和先生展示了楼兰经，他也被这古老的经卷所震撼。伯希和本就是敦煌学大家，所以我也没有再向他展示其他的藏品。说起来，我收藏的敦煌写经有一百五十本左右，而且基本上都有年号。当初买下来的时候，它们的价格就已经相当高昂了，但起码像我这样的人还能勉强买得起，而现在它们每一件都价值

---

[1] 作者在本书中虚构的人物，身份为20世纪初日本赴西域探险队的领队。——编者注

连城。

"对了,当初这些经卷的价格从一卷五六百日元到一卷一万日元不等,而斯坦因最初从千佛洞的住持王圆箓手中买下了整整二十四箱写经,其中不仅包含汉文的写经,还有用梵文、藏文以及其他西域文字书写的经卷。此外,还有五箱绢画、丝织品、佛像等,共计二十九箱。换句话说,他仅用了不到十锭马蹄银,就买走了足足需要一整个沙漠商队才能运走的宝贝,着实让人震惊。按照当时的行情来换算,他用不到一千日元[1]就骗走了这些宝物,简直是匪夷所思。

"想必你应该也听说过这些事情吧。什么?你竟然不知道!那正好,我正有意晾晒经卷,接下来我就把你期待已久的敦煌写经从书库里拿出来,你可以一边看,一边听我给你讲敦煌的故事。那里应该算是最早的文化侵略战场了吧。这也算是20世纪的独家新闻了。不过,在这之前,你得先帮我个忙。因为门实在是太重了。"

我跟在古经主人的身后,帮他打开了旁边书库那扇相当沉重的大门。进入书库后,古经主人把五六个箱子叠在一起,将它们抱在怀中,笑眯眯地走了出来。"应该不会受潮

---

[1] 这里指的是第一次世界大战前的旧日元。日元作为日本的货币单位,创设于1871年5月1日。当时日本确立金本位制,日元一圆含黄金量定为1.5克,后因为经济形式变化,至1897年,日本再次确定金本位,一圆对应的黄金量调整为0.75克,这个定值一直持续至1914年日元停止金本位。——编者注

吧"——我这样思索着,然后小心地把门关好。接下来,我们又回到了原来的房间。

箱子中的经卷有的已经裱褙好了,那些尚未裱褙的经卷则包着一层和纸,上面捆着细绳,看上去稍显草率。每个箱子里只放了七八本经卷,所以空间绰绰有余。

"光是这样的敦煌写经我手里就有近二十箱。"

主人有些得意地望向我,仔细地观察着我的表情,然后打开和纸,取出一卷写经递给我。我迅速地将经卷铺开,快速地浏览了一下全卷的内容,发现卷尾写有"天和五年",这是六朝时期的年号,另外还有几个小字,是一个不知名的抄经僧人的名字。我用手感受着黄麻纸独特的纹理,暂不去考虑经文的含义,只是单纯地凝望着那优美而和谐、充满生命力的文字,听着古经主人讲述遥远的敦煌故事。

屋外又是一阵骤雨。但老人似乎并没有心思去理会一切声响,只专注于自己讲述的内容,完全不受外界干扰。所以,对于想要听故事的我来说,他是一位可遇而不可求的讲述者。

在他的讲解中,我把他珍重取出的写经逐卷打开,再仔细卷好,不时抬起头看看他。听到精彩之处,我并不随声附和,而是轻轻地点点头,以此表示兴致盎然。老人每看到我点头,就仿佛放心了一般,继续他那长长的讲述……

二 丝绸之路

大体说来，"西域"这类词汇本身就充满了时代感和异域风情，总是给人带来一种别样的感觉。但是，当我们面对那些代表具体的地域、人物名字的汉字时，理解起来就会有些吃力。

现在的西安是唐朝的国都长安，从那里出发进入甘肃境内抵达兰州，唐朝在此处设置了都护府。再向西出发，依次途经甘州、肃州，而后经酒泉、嘉峪关、安西，最后抵达敦煌。路线走到这里，这些地名可能勉强还算熟悉，但对于初次接触者而言，继续往西走，穿越广袤的戈壁滩，在哈密、古城（古城子）、迪化[1]、伊犁这些地域名称面前，就不得不缴械投降了。

沿着这条古道径直西行，可前往天山山脉北麓。在那条天山北麓的路上，一千两百多年前的玄奘三藏就曾取道此处西行求经。描写孙悟空护送唐僧取经的《西游记》一书中，火焰山等一众妖山魔岭，都在这沿途各处。继续往北，翻越著名的阿尔泰山脉，就能进入西伯利亚境内。

---

[1] 迪化为乌鲁木齐的旧称。

与之相对，若取道天山山脉南麓，则经库车可抵达喀什，这条路称为天山南路。换言之，这段路程的东面关口为敦煌，西面关口为喀什，中间的广袤区域遍布湖泊河川，有据说会幽灵般不断改变位置的大湖罗布泊，有一路奔涌最后却悄无声息地消失在沙漠中的大川塔里木河，还有最著名的塔克拉玛干大沙漠，是这一地区最具有代表性的干燥地带。

从行政区划上看，这片区域位于中国新疆，自古以来各民族人员往来交流频繁，因此形成了与中原地区迥异的异域风格。

当然了，对于我们而言，天山南路、天山北路这些名字耳熟能详，但是对于欧洲人而言，更广为人知的名字却是"丝绸大道"或者"丝绸之路"。

这是因为古希腊人及古罗马人对当时产自中国的丝绸极其钟爱，甚至因此称呼中国为"丝绸之国"。当时规模庞大的商队赶着骆驼，将大量的丝绸布匹运至欧洲贩卖，走的就是这条被后世称为"丝绸之路"的古道。当年的商队从喀什翻越世界屋脊帕米尔高原，进入伊朗境内，最后抵达欧洲。当然，这条古道也可以通往印度或者阿富汗。

不过，中国在输出丝绸的同时，也从沿途这些国家交换带回各色当地的特产物品。其中，两千年前的汉武帝为了改良马种，用千金和一匹纯金打造的金马向大宛国换取汗血宝马，最终利用改良后的战马组建远征军队，实现了平定边塞的军事目标。

当时民间都传言"名马为皇帝之好",实际上却是汉武帝为了日后击败宿敌匈奴而进行的马种改良,以获取马匹这一战争中最重要的武器资源。当时的马匹犹如现代的汽车和战车,在战争中使用身材矮小的蒙古马,即便马匹与战士的数量再多,在体格优势明显、生来便人马一体的匈奴士兵面前依旧是毫无胜算的。

虽然汉武帝的汗血马只不过是其中的一个事例,但足以说明在那个航海尚不发达的年代,东西方文明的交流就是依靠商人带着驼队,冒着生命危险,在这条古老的道路上往返传递。当然,在进行商品贸易的同时,自然也伴随着思想上的交流。历史上的大宛国,似乎就是现在的费尔干纳地区。

这一切的一切,都已经是一千年前,甚至是两千年前的旧事了。不过,就算到了现代,甚至就在这次日中战争前夕,当时的南京政府还委托了斯文·赫定博士帮助制订修建贯通中亚铁路的庞大计划。

计划中的线路雄心勃勃,途经上海、西安、敦煌、喀什、撒马尔罕[1]、赫卡通皮洛斯[2]、塞琉西亚[3]、伊斯坦布尔[4]、布达佩斯[5]、柏林[6]、汉堡[7],直接贯通亚洲和欧洲的心

---

[1] 撒马尔罕位于乌兹别克斯坦。——编者注
[2] 赫卡通皮洛斯位于伊朗。——编者注
[3] 塞琉西亚位于现在的巴格达。
[4] 伊斯坦布尔位于土耳其。——编者注
[5] 布达佩斯位于匈牙利。——编者注
[6] 柏林位于德国。——编者注
[7] 汉堡位于德国。——编者注

脏地带，想来就令人畅快。

试想，坐在列车上透过车窗观赏中国内陆风情，沿途瞻仰喜马拉雅山巅的千年雪峰，穿越达达尼尔海峡的海底隧道，欣赏完千年古都维也纳的华美音乐后，再参观一下法国的卢浮宫……这样的行程并非遥不可及，这其中的见闻观感似乎又远不止丝绸之路了。现在，这项宏大计划已经被沿途的飞机航线所取代，令人稍感惋惜。

言归正传，让我们仍旧回到本篇的主角：敦煌。

《唐诗选》名篇"青海长云暗雪山，孤城遥望玉门关。黄沙百战穿金甲，不破楼兰终不还"中提到的玉门关，以及另一首在送别之时广为传唱的诗句"西出阳关无故人"中提到的阳关，这两处遗迹都位于敦煌郊外，虽然实际路程离敦煌已经不近，但在古代都是西出远行的前哨基地。

说起来，敦煌的地理位置倒有些类似明治时期的长崎。前往西域自不必说，在海上交通尚不发达的年代，要和印度、波斯、阿拉伯、罗马等这些当时的文明古国发生往来，也只能从这里出发。

虽然如今的敦煌只是点缀在沙漠绿洲之中的几个偏远城镇，但从《史记》《汉书》等史料记载来看，在两千多年前的汉代，这里曾经异常繁华。单从名称来看，"敦煌"也写作"燉煌"，其中就含有灿烂辉煌的意思。

此外，虽然此处是建于沙漠中的都市，故也称为沙洲，但最关键的一点在于，这里曾是东西方文明的交汇之处。若要论起西域探险的鼻祖，则非汉武帝时出使西域的张骞莫属了。

那么，在日本是否还珍藏着古代敦煌历史的蛛丝马迹呢？答案是肯定的。

比如，在日本正仓院的库房里就藏着五十张色彩鲜艳华美的波斯地毯，堪称人间瑰宝。每张毯子内侧依次绣着从一到五十的编号。想必这些珍宝就是由古代商队的骆驼一路背着，穿越遥远的沙漠，经敦煌来到长安，并最终流入奈良都城的吧。

还有，深受圣德太子青睐的那只天马细雕御用水瓶，据说也不是日本本土的产物（迄今为止，专家们对此一直持有几种不同意见），其中的构造意境怎么看都属于波斯风格。有人推测它产自中国，如果是这样，那么这件作品的设计理念也是经由敦煌传入内陆的。

那么，这类物品何以屡屡出现在奈良时代的文物中呢？比如，同样是正仓院中还收藏着一对曾经挂在骆驼背上的大型水壶"漆胡樽"，隔着历史时空向我们传递着浓郁的沙漠风情。

回头再看看伊斯坦布尔的博物馆里收藏着的两件物品，一件是高二尺（约0.67米）有余的著名大唐镜，一件是形状和模样都类似胡瓜的物品，类似物品在正仓院中也都有收藏。这些物品肯定是从中国本土分别传到日本和土耳其的，其中传入土耳其的唐镜自然少不了经过敦煌这座关口要塞。甚至还有趣闻流传说，当时土耳其王室[1]并不知道这是闻名于世的唐镜，还误以为是腌菜桶的盖子，把它拿来当普通盖子用，结果被一个粗心马虎的使女不小心跌落，留下了满镜的裂痕，实在可惜可叹。

这样的话题有点老套无聊，请诸位读者暂且忍耐。

六朝时期佛教传入东方后影响力迅速扩大，敦煌也因此变得异常热闹。这一点也和长崎的基督教传播情况非常类似。当然，虽然随后还有包括伊斯兰教、摩尼教[2]、基督教分支的聂斯脱利派（传入中国后称为景教）等各个教派蜂拥而至，但在当时，首先是有一批传道士借着佛教东渐的浪潮从印度经西域接踵而至，他们有的继续深入，前往中国其他城市，有的留在当地传播教义。其结果就是，在敦煌这块土地上孕育出了众多世界级的人才，包括走出了竺法护[3]这样被称为"敦煌菩萨"的天才人物。在当时这片地域上众国林立，有西域三十六国之称，竺法护通晓所有国家的语言并能自如运用，他带回并陆续翻译了众多西域佛教经典。

---

[1] 土耳其的前身为奥斯曼帝国，1923年取得民族解放战争胜利，成立土耳其共和国。为方便读者理解，作者统一以"土耳其"名之。——编者注
[2] 摩尼教，又称明教、二尊教、牟尼教，公元3世纪中叶波斯人摩尼创立，是一种将拜火教、基督教、佛教混合而成的宗教体系。——编者注
[3] 竺法护，又称支法护。西晋译经僧。音译作昙摩罗刹、昙摩罗察。祖先为月氏人，世居敦煌。本姓支，八岁出家，师事竺高座，遂以竺为姓。——编者注

宗教传播带来文化的繁荣发展，文化的繁荣发展也反向促成了壮丽的佛堂寺观如雨后春笋般出现。敦煌一时间发展成了精神文化的中心重镇。

晋代的法显三藏，也是借道敦煌进入印度拜佛求经的。

一出敦煌，迎面而来的便是罗布泊的大沙漠。在法显三藏的旅行日记中，沙漠中恶鬼出没、热浪袭人，"上无飞鸟，下无走兽，遍望极目，欲求度处，则莫知所拟，唯以死人枯骨为标识耳。行十七日，得至鄯善国[1]"。从长安出发的时候，法显三藏一行共计十七人，历经十三年求法取经归国时，据说只剩法显三藏一人。

后来的玄奘三藏从西安出发，在西行的时候抄了近道，没有经过这里，有点蒙骗过关的味道，最终历经十七年长途跋涉归国之时，方才从这里向当时的皇帝具表请奏，入关时得到凯旋将军般的迎归待遇。

马可·波罗也曾游历此处，在他著名的《马可·波罗游记》中详细介绍了沙漠境况和各城镇的习俗风貌。但是，对罗布泊沙漠的记述还是法显三藏更胜一筹。在法显三藏的记述中，有各种充满恐怖气氛的描写：时而有沙漠中的鬼魅作祟，让各种乐器的声音响彻虚空；时而有战鼓雷鸣和刀枪剑戟的铿锵之音，迷惑行商驼队；时而又似乎有规模庞大的行商驼队破沙前行，令人误以为是自己的商队同伴，不由自主

---

[1] 即楼兰。

循声跟去，结果天明后方才发现被引到了荒漠绝境，命悬一线，等等。

总之，无论是前往敦煌的城镇，还是从这些城镇出发前往西域，都要赌上性命穿越这些险象环生的沙漠。这一点，不仅遥远古老的法显或者玄奘时代是这样，过去的马可·波罗时代是这样，就算到了接下来我们将要介绍的，19世纪末20世纪初的欧洲探险队所面临的情况，依然大同小异。坐上飞机会怎样，我们不好说，但是这块区域的旅行方式却自与别处不同。唯独这里，从古至今都是沙漠之舟的苦行之地，只能一步一个脚印地在沙地上蹒跚前行。

不过，最近也有像英国外交领事官台克满那样的人，驾驶着经过特别改装的汽车前往喀什。他们的路线，是从外蒙古出发前往哈密、迪化，然后进入天山南路，路线上已经与从前有些许不同。还有我们前面讲到的斯文·赫定一行采用的方式也是驾车。这样看来，实在不行，也可以采取驾车方式穿越这段路程。

这就是敦煌城。距离此地东南方向不到三十公里的地方有一座鸣沙山，当有人在上面行走时，脚底的沙子会发出神奇的鸣响。鸣沙山东麓像蜂巢一样遍布大大小小的洞窟，洞窟沿着山势有两层、三层，里面供奉着大量的佛像。这就是我们所说的岩窟群，也就是赫赫有名的千佛洞。至于所谓的雷音寺，到底是指整个千佛洞的总称，还是单指其中的主要场所，就不得而知了。

总的来说，位于西域一带的石窟既有别于印度阿旃陀的那种僧尼道场窟院，也不同于山西大同云冈石窟那种在石龛中直接凿刻佛像的方式，而是基本上都像千佛洞这样，通过佛教塑像装饰洞窟，并在洞壁上涂上壁画的庄严场所。

其中，此处的千佛洞又为个中翘楚，最是金碧辉煌。随着探险队每一次造访后在国际上的口耳相传，千佛洞早年间便已名声在外，广受赞誉。这种现象的出现，或许也与清代《西域水道记》这类地理书籍的早期介绍有关吧，《西域水道记》中就有关于千佛洞的记载。

主人从一旁的书架上取下十余册袖珍本大小的唐本，麻利地从中取出一册，仿佛抖落灰尘似的在膝盖上轻轻拍了拍，而后俨然学者查阅词典一般，不用寻找翻页，直接找到那篇文章让我看：

鸣沙山东南面有一条河叫党河。这座山位于敦煌县城东南面四十里处，又名沙角山或者神沙山，整座山都由沙子堆积而成。其山"峰峦危峭，逾于石山，四周皆为沙垄，山背有如刀刃。人登之即鸣，随足颓落，经宿吹风，辄复如旧"，此山的神奇之处，从它的名字"鸣沙山"就可以看出。

值得一提的是，在山的东麓还有一座雷音寺，倚山而建。鸣沙山崖壁坚凝如铁，却开凿出高矮不一的佛龛数以千计。然而经年累月，在经历兵灾火焚后，又在砂石重压下渐渐倾颓倒塌，台阶亦多有断裂。

进入洞窟，只见其内诸佛宝相庄严，满目金碧辉煌，故此又被称为千佛岩。"莫高窟前，侧立周李君重修莫高窟佛龛碑。盖碑创于前秦。彼土耆赵吉云，乾隆癸卯岁，岩畔沙中掘得断碑，有文云'秦建元二年沙门乐僔立'。旋为沙所没，《李君碑》即修乐僔功德也。"

我读到的内容大概就是这样吧，通过这些内容，我们对敦煌郊外的鸣沙山、在此山腹地依山而建的千佛洞，以及莫高窟石碑就有了一个大体的了解。在继续接下来的叙述前，如果没有掌握适当的知识为前提，将会在理解上非常被动，因此我对各个国家的探险队获取的原著典籍做了一个概览。

《西域水道记》编辑于清代，是一本内容上佳、极为难得的地理读本。我把它放在案头时常拜读，每次都感觉就像到中国腹地游历了一番。

前面，在对敦煌的解说中，我们了解到，从这里出发去往的西北一带，就是我们常说的中亚，作为曾经西域的一部分，如今的新疆境内，是少雨的沙漠地带。一两千年前，古代文明没落之后，便被埋进了滚滚黄沙，所以不少地方就像庞贝古城和赫库兰尼姆一样得以原样保存下来。

到了19世纪末，欧洲列强把目光投向了这片区域并开始盗掘文物。在20世纪初到第一次世界大战前这段时间里，这里彻底沦为列强竞相抢夺的争霸场。那时候，每年都有来自欧洲几个国家的探险队，在这片区域的某个地方挥舞着锄铲盗挖文物。

在这样的大背景下，英国军官鲍威尔受政府派遣，前往新疆的库车进行调查时，偶然在一处古代遗址中发现了写在桦树皮上的梵文古经贝多罗叶写本，这就是所谓的"鲍威尔写本"[1]。

鲍威尔将贝多罗叶写本带回印度，经知名印度学者霍恩雷认定，这是孔雀王经，它比保存在日本法隆寺、粘贴在折纸上的、当时认为最古老的贝多罗叶还要古老得多，是一批旷古珍宝。就像拿破仑发现罗塞塔石一样，这一意外的发现立刻在欧洲的东方学界引起了轰动。这是发生在1890年，也就是明治二十三年的事情。说句题外话，在现在的京都大谷大学里，还收藏着这位霍恩雷博士的藏书。

与此同时，法国人在库车的反方向，也就是塔里木河流域南部的和阗（和田的旧称），再次发现了古梵经。据说这是更为古老的《法句经》残本，因此引发了更为疯狂的盗掘热潮。俄国专门命令驻喀什领事彼得罗夫斯基[2]大力收

---

[1] 鲍威尔为英属印度军官，1889年在叶尔羌休假期间，收到密令捉拿一名命案凶手，追踪至库车时，偶遇写在桦树皮上的梵文古经写本，该写本后来被鉴定为全世界最古老的梵文、婆罗米文写本，并被命名为"鲍威尔写本"。——编者注
[2] 19世纪后期，沙皇俄国开始在喀什建立领事馆，欺压民众，劫掠文物，搜刮钱财，肆意践踏中国主权。尼古拉·彼得罗夫斯基于1882年至1902年间担任沙俄驻喀什噶尔总领事，斯文·赫定曾称他是"喀什噶尔最有势力的人"，与时任英国驻喀什噶尔总领事马继业是竞争对手。——编者注

购古老的贝多罗叶、经本以及各类出土文物等。英国人也不甘落后,同样命令驻喀什领事马卡尔特尼[1]大肆收购古文物。

此外,一些外国传教士也开始参与收集古文物。很快,英国、俄国、法国等西方各国在激烈的竞争下建立了几大中亚出土文物收藏馆。

在此过程中,一部分当地人也学得聪明起来,将一些赝品夹杂在文物中以次充好。这让西方各国认识到,这种间接的收购方式已经难以收获到有价值的宝物了,他们决定换一种方式。

俄国的克莱门茨[2]最先组建了一支所谓的学术探险队,于1898年在高昌旧地,也就是现在的吐鲁番地区,开始进行文物发掘。这是西方首次对西域文物进行的直接发掘。

后来,依旧是俄国人牵头倡议,成立了类似中亚学术探险国际联盟组织,由此揭开了各国竞相向此地派遣探险队的序幕。

英国斯坦因的首次探险以和阗为中心。俄国人的第一次探险由格伦威德尔教授带队,主要以库车和吐鲁番为中心;

---

[1] 中文名马继业,母为中国人,父是中国驻英使馆参赞马格里爵士。略通华语,1911年任英国驻喀什噶尔领事。他干预当地政治,刺探情报,搜掠文物,给英国插手新疆问题提供了情报,帮助斯坦因劫掠文物,使新疆境内大批文物流失海外。——编者注

[2] 又译为克列门兹,俄国科学院人类学博物馆馆长、人种学科学院院长,1898年受派遣,带队前往吐鲁番绿洲进行为期四个月的考察。——编者注

第二次探险由勒柯克教授带队；第三次探险仍由格伦威德尔教授带队。此外，俄国的奥登堡教授也带队前往发掘。就这样，各国列强竞相前往，大家全都斩获颇丰，写出了非常优质的报告。

当然，其中也有一些像格伦威德尔这种有点自吹自擂的人物。不过，这点瑕疵在当下根本无伤大雅。就在这你方唱罢我登场的发掘热潮中，由斯坦因主导的第二次大探险粉墨登场，时间跨度刚好是日俄战争次年的1906年至1908年的三年时间。

故事讲得稍微有点复杂了，不过这些都是必须要介绍的内容，所以也没法顾全那么多叙述的顺序了。听起来有些残忍，但当时的事情就是这样：西域包括敦煌这块交通极为不便的偏远土地，突然吸引了欧洲人的注意和兴趣。这里埋藏着连中国人自己都不知道的宝藏，这些欧洲人却肆意地盗挖、随意地搬走。也就是说，我们至少可以从中窥见并想象，体面堂皇的中国文化是如何陷入被堂而皇之地掠夺分割之境地的。

当时在欧洲掀起的这股东亚探险潮热度惊人，甚至有好事者将这里选为自己的蜜月旅行地，引起了不小的轰动。虽然虎口夺食并不容易，但是当时日本也在列强环伺中分得了一杯羹，不得不说，在这一方面，当时日本也有先驱者。当然，这是后话。

那么，背景就先介绍这些吧。大家可以一边阅读一边对照地图，顺便再找一本斯坦因的书看看千佛洞的远景。接下来，我们就要进入敦煌故事的主体部分了。

三 英国探险队

1905年5月中旬，斯坦因组建了一支探险队再次抵达敦煌。傍晚，他们在城郊的果树园中扎下了帐篷。

两个月前，他们在罗布泊附近米兰遗址的发掘活动中斩获颇丰，这让斯坦因更加踌躇满志。因此，他不顾那难以下咽的咸饮水，带着一颗旺盛的好奇心，挥舞着铲子，在罗布泊的沙漠中遍地挖寻。而且他运气奇佳，居然没有遇到过一次沙漠中的夺命黑风暴，最后完好无损地回到了敦煌城，他在那里安排随行队员、马匹、驼队进行休整。他想起了同为匈牙利人的洛克济博士[1]曾经向他感慨这里令人叹为观止的千佛洞壁画，于是制订了一份计划，打算先到千佛洞拍摄大量的照片。接着，他考虑到夏季沙漠会迎来黑风暴季节，将给探险之旅带来意想不到的危险，因此接下来他准备在黑风暴来临前对附近区域的遗址进行一次探险发掘，并尽可能将范围扩展到中国的其他地区。

这个斯坦因原籍是匈牙利，中年时加入英籍，因此他

---

[1] 洛克济，也译作洛奇，匈牙利地质学家，1879年最早访问敦煌的欧洲人之一。1902年，洛克济在德国汉堡召开的东方学家大会上做了关于敦煌的报告，这是斯坦因首次听说敦煌。——编者注

的身上或许还流淌着那么一点点东方人的血液。之所以这么说，是因为匈牙利人原本就习惯自称是西方的东方人，因此或许他们的脑海里也会有对于东方的乡愁。

虽然已经到了三月的中旬，迎面吹来的东风还是凛冽刺骨。探险队一行裹紧防寒服步履蹒跚，默默前行。骆驼和马匹们鼻头灵敏，似乎已经在寒风中嗅到了前方青草的芬芳，本能地加快了脚下的步伐。想必那时候的斯坦因一定时不时登上沙丘，举着双筒望远镜遥望前方，可是却始终没有搜寻到敦煌城的影子。

一天，斯坦因的双筒望远镜突然捕捉到了一幅神奇的景象。在敦煌城方向的沙平线上，出现了一座跨度很大的小山丘，更神奇的是，这座小山丘就像一座漂浮的小岛一样，正在向南缓缓移动。

虽然沙漠整体而言是平地，但是就像海面上会掀起波浪一样，沙海之中会有沙浪。它们从一个沙丘移到另一个沙丘，时而爬上沙山，时而跌落沙谷，因此形成了连绵起伏、或陡峭险峻或平整舒缓的千姿百态的波痕。在沙漠中心地带的沙丘，高的能够达到惊人的六七十米。但是这些高耸的沙丘在靠近绿洲的地方就看不见了，这些地带的沙丘顶多不过六七米的样子。

爬上这些高耸的沙丘，如同登上某座瞭望塔的废墟，或许就能够有所斩获，若是运气好，还能发现一座掩埋在沙下的古代城市废墟。斯坦因就喜欢这样四处留意，举着他手中的双筒望远镜到处搜索。因此,随行的队员对队长这些繁琐费事的观测也毫不在意,一行人不慌不忙走走停停看看。有一天,斯坦因的坐骑突然在某个地方停了下来不断地嘶鸣。原来是刚才途经的动物留下的痕迹让它焦躁不安。

斯坦因爬下一座沙丘,又登上另一座沙丘极目四望。在清冽干燥的晴空和沙平线的交界处,或许是起风的原因,隐约有沙尘腾起的烟雾,但在那片浑浊晦暗的沙海中,的确可以看见有漂浮的沙岛在微微移动。

广阔的沙漠中由于没有可供辨别的参照物,因此很难判定目标距离的真实远近。特别是在清澈如洗的空气中,由于物体轮廓清晰,所有东西看起来都近在咫尺、一目了然。但是,眼中出现一座移动的沙丘仍然令人非常惊讶。斯坦因一开始想,可能要变天了,紧接着又想,是不是要出现一些难以想象的奇观?

待他们再走近一点又发现,那座沙丘就像雨云一样,颜色稍微有点异样。再走近一点才发现,那是追逐牧草而来的一大群羊,足有上千只。原来是牧民在游牧。这时他们才明白过来,驼队中的动物们一早如此兴奋,是因为嗅到了这甘美牧草的芬芳啊。

有趣的是,这么一大群羊,却只有两个衣衫褴褛的牧羊人照看。当他们远远望见全副武装的驼队肩上扛着的长枪时,立即躲到了一小丛柽柳树下。

这是探险队和罗布泊的渔夫分别后,二十余天里第一次见到的人。不用说,大家都高兴得有点忘乎所以了,热情地向他们分发香烟，向他们打听前往敦煌的路途。在忍受了人迹罕至的茫茫大沙漠中那无边的孤独和危险之后，那映入眼帘的青草，那悠闲移动的羊群，都令人难以抑制内心的喜悦。

敦煌近在眼前，探险队就像那横跨大洋远航归来的船舶一样，不知不觉越走越轻快。

但是斯坦因却丝毫没有放松，这一路上他可没闲着。他非常敏锐地注意到，一无所知的牧羊人把从附近废墟中捡到的古钱币，用一根绳子穿过钱眼挂在马鞭上，像铃铛一样"叮当"作响。他用香烟从牧羊人手中换走了古钱币，并一路瞪大了眼睛四处搜寻，生怕错过什么战利品。因为他坚信，在这片中国人自己都已经遗忘的黄沙底下，一定埋藏着一座取之不尽的古代文明宝库，所以他可以从任何蛛丝马迹中打量出珍贵的人类历史，感受到温暖的生活气息。

是的，这里也曾经和许多都市一样，有过丰富的人类生活。想到这一切，当其他队员们在日复一日的旅途中，面对被浩瀚黄沙迅速掩埋的那不计其数的足迹，日渐心生倦怠，变得难以忍受时，斯坦因却从中发现了神奇的价值和意义，丝毫感觉不到疲倦。

这个铁打的斯坦因心下明白，眼下，不仅是那些笨头笨脑的牲畜已经尽显疲态，连负责照料骆驼马匹的哈桑他们也变得莫名地情绪冲动。就在前一夜，从克什米尔带来的厨师和印度籍的测绘师奈克饭后无聊，居然吵了整整一个晚上。

因此，让探险队来一次全员休整已经变得迫在眉睫。

一路走来，不管是在哪里落脚宿营，斯坦因最钟爱的小帐篷一定是最舒适的所在。小帐篷会和其他队员们隔开一段距离扎营，所以昨天夜里两名队员的争吵并没有打扰到他的休息。但是，像这种由不同人种混杂而成的队伍，宗教信仰也是五花八门——有印度教徒、伊斯兰教徒等——一个不小心行差踏错，就有可能万劫不复。因此，必须尽快找到一剂治疗这种"沙漠病"的良药——人烟村落。

但有意思的是，对斯坦因来说，在逐步适应了沙漠中的孤独之后，突然有一天回到了城市，他反而觉得那些人情礼仪简直麻烦透了。他既想见到人，又害怕见到人，因为有人就意味着有那烦人的人情往来。不过话虽如此，现在对于斯坦因而言这一切都避无可避，因此，是时候唤醒那位一直沉睡在身体里的"外交官"斯坦因了。

当他们终于站在因最近的东干人叛乱而衰败不堪的城外村庄中，远远望见敦煌城那高大而略微倾斜的瓦顶城门时，斯坦因差遣他聘请的秘书蒋孝琬快马先行一步，拿着他在中国制作的红色名片和护照，去拜访当地的衙门。一来表示对地方父母官的敬意，二来也托地方帮忙安顿一个歇脚的住处。

按照以往的经验，探险队人马稍做休息等候，当地官员看到代表英国威严的护照后，不一会儿一定会赶来笑脸出迎。然而这次却有点意外：当地知县昨天才刚刚新官上任，县衙里正乱糟糟一片，因此露面前来迎接斯坦因的，居然是顶着一张鸦片黄脸、精神萎靡、说话不得要领的一介小吏。那名小吏领着众人来到附近一座活像鬼屋的寺庙，让他们就在此借宿，这让见多识广的斯坦因也着实吃惊不小。

那座寺庙实在是破败不堪，也不知道头顶摇摇欲坠的横梁什么时候会砸下来，把人压在底下。而且就算只是拂去蜘蛛网、粗略打扫到勉强能住人的样子，估摸也得耗费一天的时间。众人面面相觑，摇头叹息。其中那位来自克什米尔的逞勇好斗的厨子，觉得对方在故意糊弄人，差点就要叫嚣着冲上去对小吏一阵拳脚相加了。

斯坦因对寺庙快速巡视了一遍，礼貌地表达了谢意，并表示自己还是习惯住在帐篷里，希望官府能够让他们在城外自由行动。于是，一行人沮丧地原路返回城外，在河流的南岸发现了一块开阔的苹果园，便前去借宿在里面一栋宽敞的房子里。

这家果园的男主人已经去世，里面只住着孀居的寡妇和相依为命的女儿，因此房子显得空旷、萧索。斯坦因住在位于中央的最大房间内，隔壁是测量师。实际上，比起这间既没有火炉、窗户又破败、墙壁还剥落的寒酸房间来，斯坦因还是更中意他心爱的小帐篷，在那里至少还能够尽情享受日间的阳光，于是他又独自在果园中支起了帐篷。

一直折腾到傍晚，一行人才算解决了住宿问题，安顿下来。但紧接着，他们又遇见了另一件棘手的麻烦：当时在这片区域流通的是新铸的银币，他们随身携带的马蹄银在这里并不通用。他们只好把手中大锭的马蹄银拿到铁匠铺里，切成和流通货币同等大小的银块，再换成银币，这才解决了晚饭问题。

尽管一波三折，但是好歹能够久违地顶着一片可以遮风挡雨的屋顶安然入睡，因此所有人都兴高采烈，精神亢奋。斯坦因也拿出私藏的科涅克白兰地惬意小酌，仿佛自己正置身于悉尼的海德公园。躺在床上，耳中听着风刮过树枝发出的呜咽之声，鼻子里闻着夹杂在风中温润甘甜的青草气息，这一切对于沙漠探险家而言，简直是一种奢侈的享受。

斯坦因借着手中昏暗的提灯，打开敦煌地图，确认白天匆匆一瞥的城镇。作为李希霍芬[1]提出的"丝绸之路"的起点，敦煌至今仍是蒙古、西伯利亚南部、西藏拉萨与印度之间，通过沙漠之舟进行东西方贸易往来的交通要冲。想到自己已经跻身西欧为数不多可载入史册的旅行家之列，斯坦因心中不禁感慨万千。远处传来驼队管理员哈桑等人晚间祷告的声音，斯坦因也钻进了他独立思考的小天地——睡袋里。

第二天，斯坦因正式到衙门登门拜访知县。当天寒风凛冽，眼看着就要下雪了。斯坦因头戴防护帽，脚蹬长筒靴，骑着高头大马穿过房屋低矮、路面脏乱的街道进了衙门，沿

---

[1] 德国地理学家，他在1877年出版的《中国》第一卷中，将中国与中亚、中国与印度之间以丝绸贸易为代表的西域通道命名为"丝绸之路"，这一名词很快被大众接受，并在学术界广为运用。——编者注

途引来众人好奇的目光。每当沿途看见骆驼排出分量惊人的粪便，斯坦因都觉得很可惜，那么宝贵的燃料居然就那么掉落在地，无人拾起，他又觉得自己的想法甚是可笑，便在心里设想着即将与知县会面的场景。

新任知县的会客间还没有收拾妥当，眼下空空如也。屋里没有取暖设备。可都已经到这步田地了，知县还是一副典型清朝官员的做派，格外慢条斯理、谨小慎重，说起话来句句丝严缝合、空洞无用，让会客室里更增添了几分寒意，就连在沙漠里吃惯了凛冽寒风的斯坦因也着实头疼棘手。

不过，尽管眼前的这位男子古旧老派，但地方官毕竟是地方官，万一沟通出了什么岔子得罪了对方，被私底下使什么绊子，反倒得不偿失。因此，斯坦因一面拿出许多珍贵礼物送给对方，一面向对方细致地解释自己旅行的目的：就如当时玄奘三藏从中国前往印度拜佛求经一样，自己只不过是反过来，从中国把那些经典以及被贩卖到这里的考古物品带回印度供学界使用，以此努力取得对方对自己探险和发掘的理解。谈话中，斯坦因意外地发现，眼前的这位汪知县人不可貌相，居然是一位了不起的学者，对他介绍的方方面面还挺有兴趣。到这时，斯坦因一颗悬着的心才放了下来。

当天下午，知县做了回访以示答谢。在帐篷中接待总归不妥，于是斯坦因将知县引进那间位于房子中央空空荡荡的房间内，在驼队煮菜的大锅底下塞进煤炭做成简易的炉子，从行李箱中取出食物招待知县，并将从米兰、罗布泊等地发掘出土的文物展示给他看。

斯坦因谦虚地询问着知县的意见。虽然知县有着渊博的古代知识,但是这些知识都源自古老的中国书籍,多是些荒唐无稽、脱离现实的内容。接着,斯坦因也向知县介绍了自己通过实地考察获得的沙漠地区的近况,顺带描述了一番自己探险的艰苦历程。知县从头至尾认真地倾听着,斯坦因眼看就达到了自己的目的,和蒋秘书两人满心欢喜,都觉得这是个好兆头。

和知县的礼节性会面圆满结束,正当斯坦因想松口气时,却冷不丁又冒出一位边军司令林将军的幕僚登门拜访,说是奉将军之命前来护卫。这举动表面上看是好意,实际却是在一旁监视。这实在是个不请自来的麻烦,但是除了接受也别无他法。从另一个角度看,这也是那位林将军在示威,告诉斯坦因,自己才是掌权者。所以,这位将军的面子自然也是分毫折损不得的,斯坦因只得急急忙忙又登门拜访这位暴发户将军。

这位颧骨突出、端着架子斜靠在一把巨大紫檀木太师椅上的林将军,对斯坦因献上的那些钢笔、喀什尔产刺绣、正宗苏格兰威士忌及埃及香烟等礼物每一件东西都非常感兴趣,像个孩子一样看得兴高采烈,但是对斯坦因熟稔的玄奘三藏西行取经的话题,以及对古代遗址进行发掘的话题则显得心不在焉。斯坦因忐忑地拿出这片区域的测量许可证,没想到将军二话不说,豪爽地在上面盖上了大图章。

后来,将军把话题聊到了自己擅长的军事领域,并对打败了实力强大的俄国军队的日本军队之勇猛大加赞赏。斯坦因就坡下驴，不失时机地表示，日本军之所以能够大获全胜，全仰赖有英日同盟作为强大后盾，并借机宣称只有英国才是稳定世界的主要力量。这实际上也是在暗示对方：自己背靠的可是大英帝国。

也不知道将军究竟有没有理解斯坦因的良苦用心，不过他对斯坦因表示，当时也有两名日本人同样到库车进行探险，他们一直走到了安西，但是却没有在敦煌逗留便打道回府了。将军靠在他那把巨大的紫檀太师椅上豪放地大笑道：他们大概是旅费不足吧，就像打了一场大仗却没有捞到任何赏金。

将军命令手下把斯坦因的骆驼带到一处牧草鲜嫩的储备草场，那是司令部的专属牧场。对于动物们的休养生息而言，那可是绝佳场所。

原本繁琐复杂、一着不慎就将难以收拾的这些外交角力，这次却出人意料地进展顺利，斯坦因一颗悬着的心总算放下，回到住处，心情轻松地刮起脸上的胡子来。

实际上，面对这些粗鄙顽固的边境差吏以及军人兵痞，遭遇阻力是大概率事件。像后来的斯文·赫定等人就多次在探险途中遇阻，甚至在乌鲁木齐被软禁了半年，探险计划被完全打乱。即使情况没这么严重，但是一旦得罪了那些官吏，也会吃不了兜着走，因此斯坦因对工作的艰难程度是心知肚明的。所以，对于一名探险家而言，还必须具备一定的外交手腕。

斯坦因拿着刮片刮干净脸上的肥皂泡沫时,帐篷里钻进来两个人:一个是莎车城的商人,他的脖子上长着一个连"摘瘤老爷爷"[1]见了也会大吃一惊的肉瘤,那是卡拉萨地区的一种特殊的地方病;另一个是头上缠着纱巾的土耳其商人。

敦煌的商人们见到西方人都比较害怕,且不敢靠近,这次他们来卖羊肉或者骆驼,刚好看见斯坦因凑在镜子前刮脸,好奇地在一旁围观,等他终于刮完后方才开口说:"老爷,嗯……"然后从他那里借走镜子,轮流看着镜子中自己的面孔,傻呵呵地笑个不停。

刮完脸,斯坦因涂了些滑石粉,用手轻轻地从脸部拍到下巴。因为很久没有用这种泡了香皂的水洗脸,使用后顿时觉得神清气爽。他点上一支烟,这才端详起眼前这两个满脸堆笑的来客。

风刀霜剑在两人脸上刻下皱纹,那种沧桑使得他们看起来完全没有半点神经衰弱的气息。斯坦因饶有兴趣,想着是不是给他们拍张照留存,但是考虑到接下来漫长的探险旅程并不允许浪费任何胶片,只得打消念头。虽然他随身携带了两万张胶片,但是前路漫漫,一旦用完了根本无法得到补给。

---

[1] 日本童话故事中的人物。

"感觉这镜子也挺有意思的嘛。"

"你看这镜子,小是小了点,但是很清晰啊。你看街上卖的那些镜子,那面上简直就像沙漠一样起起伏伏、凹凸不平的。"

缠着头巾的土耳其人说一句,莎车城商人便马上附和一句。

"平时大家虽然都熟知对方的长相,可是对自己的脸却不怎么了解。现在用老爷这光滑的镜子一照,倒吓了我一跳,不过还挺好笑的。"

说完,商人咧开没有牙齿的嘴干笑几声,而后又兀自无比钦佩地继续说道:

"伟大的贤者和卓说起话来也了不起。话说,有一次有人进献了一面镜子给帖木儿大帝,于是他认真地端详起镜中的自己。大帝一生南征北战,身上屡次负伤,甚至腿脚也因此落下了病根。可是即便是这样一位睥睨天下的英雄,也忍不住为自己满是伤疤的丑陋面容痛哭流涕。不过,大帝很快就停止了哭泣,然而一旁的和卓却大声哭个不停。帖木儿大帝就问他,您这是怎么了?和卓这家伙居然回答说:大帝您也就是偶尔这么在镜子里看一两次自己的容貌，而我却每天从早到晚都要看到陛下您这张苍老的龙颜，想到这，我就忍不住要哭啊。"

这里讲的和卓，是帖木儿大帝非常喜欢并专门留在身边逗笑的一位贴身侍从，有点类似于日本的曾吕利新左卫门[1]。

"呵，有意思，有意思。"

斯坦因也被逗笑了。没想到沙漠里也能遇上这种幽默，这对他而言既是一种意外，也是一种拯救。

斯坦因给两人敬了烟，并不露声色地向他们打听这周边是否有什么古迹或者废墟。特别是对自己接下来准备前往的玉门关和阳关的遗迹，斯坦因格外留意询问了一番，然而从两人那里完全问不到任何线索。他又询问了关于另一个目的地千佛洞的情况，这回土耳其商人回答道：

"前段时间，我从西藏来的商人们那里听到一耳朵，当时他们正和从西藏来化缘的和尚站在店门口说话，说是前几年从千佛洞的某处出土了数量不少像古佛经一样的卷轴，也不知道那些出土物品还在不在

---

[1] 曾吕利新左卫门，又名坂内宗拾，日本战国时期堺地的商人，丰臣秀吉的谋士。

原处。"

这个消息，极大地触动了探险家那根时刻紧绷的神经。但是斯坦因没有特意追着刨根问底，一来就算再往下问也得不到更多有用的信息，二来他打算先去拍摄一些壁画的照片，如果不想闹得城里谣言满天飞，就不如直接到现场去进行调查。

于是，三天后，斯坦因揣着对这份模糊线索的满怀期待，带着助手兼翻译蒋秘书、负责拍照和测量的印度测绘师奈克及卫兵等三人，骑着马，激动地出发前往千佛洞。

一路上，不善骑马的卫兵骑着一头个头矮小的毛驴，尽管如此，他在驴背上也还是一副摇摇欲坠的样子，时不时半开玩笑故作害怕地大呼小叫，倒也十分有趣。眼下这支国际小队并不是冲着发掘珍贵文物去的，更像是外出郊游一般，十分轻松愉快。

从去年四月离开印度出发的一年时间内，斯坦因的探险队以塔里木河流域为中心，对和阗、尼雅、罗布泊以及米兰等地进行探险发掘。他们穿越昆仑的冰川，取得了无论从地理学还是考古学方面都远超前一年在和阗旧地的收获。

考察出发前夕，斯坦因整理好了关于第一次探险的长篇报告论文《古代和阗》共计两册，向伦敦的出版社投稿。因此，此时此刻，斯坦因那颗急于获得学术成果的心变得更加执拗而迫切，眼下这些成果已经远远无法满足他，再加上这次印度政府和大英博物馆还为他提供了丰厚充足的经费，因此，不管是从给资助商回报的角度，还是从他自身已经树立起来的世界知名探险家的荣光的角度，他都没有输给俄国、德国和法国等其他各国探险家的道理。

前方有充满希望的千佛洞。斯坦因踌躇满志，对于洛克济博士口中极尽赞叹的壁画，自然是要多拍照片，将它们展现在世人眼前，如果运气好，还要找到传闻中出现古书的地方，令这个世界大吃一惊。斯坦因欣赏着右侧奔腾的党河，以及敦煌郊外被仔细打理过的田地和果园，纵马踏着脚下的薄冰，意气风发地一路前行。

如果说他内心还有什么不安的话，那就是对语言的担忧了。不管是梵语、土耳其语还是藏语，他自己都还应付得来，但是汉语他却一窍不通。他担心如果传说中的古经卷是用汉文书写的，那就有点麻烦了。

这方面，走在一旁的助手蒋孝琬就是他唯一的仰赖了。他回头看了一眼和他几乎并辔而行的蒋秘书，这个对他唯命是从，且接下来要指望的人。在喀什的时候，英国驻喀什总领事马卡尔特尼（马继业）告诉斯坦因说，要送他一件珍贵无俦的重礼，然后就把精通英语、汉语并且还能说一口流利的土耳其语的蒋孝琬给了他，成为他深入腹地旅行探险不可或缺的得力助手。

久负盛名的鸣沙山上，沙丘连绵起伏。顺着党河支流向左折拐，一行人正在感叹山麓下幽深的峡谷，突然发现一座小庙突兀地矗立在路边一侧略微隆起的山丘上。

小庙砖残瓦破、屋梁损坏，柱子以及墙壁上绘着具有浓烈中式特色的壁画，色彩已经斑驳脱落，很多佛像缺手断脚，一副破败光景。然而看上去还有人前来进香参拜，小庙入口处贴着写有鲜红色咒语的符纸，庙内有尚未燃尽的蜡烛，香炉中积了厚厚一层纸钱灰。

这些都没什么看头，吸引斯坦因的是入口处吊着的一口爬满铜绿的大钟，和小庙的规模不相匹配。大钟的对面还立着一块石碑。听蒋孝琬跳着读完上面的内容，斯坦因感觉像是经文。听说在碑文末尾处还写着一个不足百年前的年号，斯坦因内心狂喜，觉得这对于千佛洞探险而言是一个好兆头，不像印度的文物上从来不留年号岁月，考察起来分外吃力。闲得发慌的卫兵捡起一旁的撞钟木随手往大钟上一撞，惊得随行的骡马撅足嘶鸣。

斯坦因心底被一种自己也说不清楚的预感撩拨得异常兴奋，于是沿着河岸边灰扑扑的不毛之地一口气奔驰了三公里。这时，一丛难得一见的冬天枯树林挡住了去路。极目望去，靠近鸣沙山腹地断岩处，如蜂巢般布满了大大小小形态各异的洞窟，再往前，不远处同样是一个接一个如蜂巢般密布的洞窟群，面向河川不规则地排列着。

毫无疑问，这里就是千佛洞的灵岩！一行人欢呼起来，哇哇大叫着催马靠近。活灵活现的佛像一尊尊沐浴在早春午后的阳光中，时隐时现。好一处神圣的穴居场所！一片不可思议的原始建筑！斯坦因丢下骡马，疾步向佛窟奔去。

佛窟规模大小不一，有三层、四层、五层不等，不规则地层叠在岩壁上，几百成群地挨个排布。在最底层，有的佛窟位置比通道还低，近一半掩埋在砂石之下。总体来看，洞窟里的三个墙面和墙顶都用灰泥打底，然后在上面画满了菩萨群像、供养图、极乐变相图以及千体佛等各种壁画。

在洞窟最深处，一尊庄严的如来佛像高高端坐在马蹄形须弥座上，身上描绘着鲜艳华美的襟纹，兼具希腊与印度的风格，四周菩萨侍者、四大天王圣像环绕在侧，无不生动精美。

佛像大小不一，塑造手法各有不同，品相也略有高下之分，看得出来出自不同的雕塑师之手。但总体说来，各个佛窟中的作品都是风格相同，仿佛事先约定好的一般，佛像的样式与斯坦因在和阗附近发掘的佛像也如出一辙。

其中也有些塑像明显经过后世的翻新，被抹上粗劣的金粉，有些地方还使用了浓艳的藏青色和藏绿色，施加了浓烈的美化效果。但不管怎么说，可以肯定，这些都是唐朝以及更早的六朝时期的塑像作品。斯坦因此前曾见过很多犍陀罗佛像[1]，他马上将两套体系联系到了一起，并且注意到此处的作品增加了中国西域独有的风格。

尽管入口处的房间大部分地方都已经破败不堪，原本支撑房梁和地板梁柱的地方都只剩下一个个坑洞，在风刀霜剑

---

[1] 印度贵霜王朝时期流行的佛像。犍陀罗佛像借鉴希腊、罗马神像的造型，具有明显的写实风格，佛陀形象高贵冷峻，衣褶厚重，强调沉静内省的精神因素。——编者注

的蚀刻下，有的佛像和壁画几乎完全裸露在外，但整体氛围依旧极其庄严神圣。

从眼前这片坚硬致密的岩石上凿开无数的洞穴，雕刻出数量如此庞大、刻工精美的佛像，绘制出满屋满眼的佛国盛况，呈现出如此庄严壮观之景，需要何等的敬重和虔诚！

这份令人惊叹的信仰伟力，让斯坦因这位从小在西方神学浸淫下成长起来的基督徒也不由忘我地合掌参拜。

然而，斯坦因毕竟不是多愁善感的人。下一秒，他便迅速切换进入了工作状态，想起了在《马可·波罗游记》中看到的关于敦煌佛教的章节，以及洛克济博士的记述内容。他打算先走马观花看个大概，然后再专注寻找有价值的东西。他快步走过一个个洞窟，借助简易梯子爬上高处四处查看，寻找着猎物。

这时，从榆树林的僧房中走出来一位看上去像是混血儿的年轻和尚，主动为这一行并不常见的访客带路。这个年轻和尚甚是机灵，寒暄几句，便连比带画地领着大家来到上下贯通着数座洞窟并且用屋顶盖出寺庙形状的正殿前，指向一座大理石刻的石碑。从他那干脆利落的引导来看，或许之前他带人来看过许多次了。

可惜的是，石碑上的字斯坦因一个也不认识。只有蒋孝琬一个人得意扬扬地，俨然一副学者专家的模样，煞有介事地连跳带读一番，然后把大体意思转告斯坦因。看完碑文，和尚又领着他们看了一旁的断碑。莫高窟重修纪念碑以及其他一些物品都在《西域水道记》中有过记载，虽然斯坦因看不懂汉文，但他曾经读过夏凡纳博士对拓本研究的论文，因此想起来，这块碑是为了纪念成形于秦代的莫高窟在后世的重修功德所立。但他其实更想听和尚说说传闻中那些被新发现的古文献。

不过，根据自身的经验以及与其他探险家的交流，斯坦因十分清楚，在采取行动获得猎物前，必须先通过外交手段进行慎重交涉，否则往往功败垂成，这样的例子屡见不鲜。因此，斯坦因悄悄对蒋孝琬耳语几句，吩咐他前往交涉，自己就独自离开了，漫不经心地随意巡看。没多久，蒋孝琬便喜笑颜开、扬扬自得地回来了。

"先生，住持他不在，不过传说中的那件东西倒像是真有。我让和尚带我们去，咱们这就去看看吧？"

一行人拾步前往，来到北向的一座大寺观旁的窟院中。一排已经褪色的菩萨壁画延伸至右侧入口处，在入口处中断了，一扇通往内院的简陋木门紧紧关闭着。窟院中，有些佛像被重新翻修，新上的颜色和古香古色的壁画形成了鲜明的对比。

原来，七八年前，现任住持王圆箓在修复被岩石和沙土掩埋的洞窟时，偶然在墙壁的缝隙中发现墙壁后方留有搬运沙土的足印，因此怀疑墙壁后面应该还有房间。待刨开沙土一看,眼前是一方顶棚很高,面积约十平方米的洞窟,洞窟里塞满了肮脏凌乱的古书卷。

于是,住持选了一些做样品,装了满满六七车书卷,求见当时的兰州总督,想讨要一个如何处理的主意。总督大人却觉得住持一时兴起,把这么多与废纸无异的东西搬到府衙上来真是唐突,于是下令原样放回无须理会。住持只得把这些宝贝原样运回,重新尘封于那间暗室之中。

听到这些,蒋孝琬更加卖力地交涉,希望能打开门看上一眼。无奈年轻和尚表示住持带着钥匙到沙漠各处的村庄里化缘去了,实在是爱莫能助。蒋孝琬并不死心,软磨硬泡地诉说自己一行人不远万里特意寻访至此等言语。这年轻和尚本就是个头脑灵活的人,经不住蒋孝琬的请求,当即返回自己的僧房,拿出来一卷长卷轴,告诉他们,这就是密室里众多卷轴中的一件,并且里面的卷轴基本都是类似的东西。也就是说,和尚给他们取来了一件样本。

可惜的是,卷轴上面的内容对斯坦因来说简直就是天书。但无论从纸质还是墨色来看,这都是品质上乘的古物,即使年代久远,却丝毫没有虫咬变色等老化迹象,可以说保存得相当完好。按道理应该能读懂汉字的蒋孝琬,在这卷长达十米的卷轴面前也颇伤脑筋,绞尽脑汁辨识仍旧不知所云,最后还是在卷轴中发现了"菩萨"的字样,才以一种救危助困的大学者的神态断定说,这是一卷佛教经典。

斯坦因迅速在脑海中谋划着回头如何与住持打擂台。

他对能亲眼看见这卷卷轴样本和那扇尘封了满室珍宝的密室木门感到非常满意,也就没再追迫和尚,而是给了和尚一大笔小费,估计这笔小费足以让返回寺观的住持艳羡不已。然后,趁着天色未暗,斯坦因一行回到了敦煌城内。

传言终于被证实。现在只能等待时机。最大的变数,就是住持这个人了。斯坦因内心萌生着巨大的希望和随之而来的,对未知因素的巨大不安。

当夜,斯坦因借着帐篷里的油灯,在日记中写到自己的预感:眼前将迎来巨大的收获。接着,他用扑克牌占卜了一下,便翻身睡下。他强烈地感觉到,自己少年时梦想着成为世界级伟大人物的好运气,已经在唾手可得处等着自己了。

这便是1905年3月,斯坦因的第一次千佛洞之旅。

四　前往千佛洞

1905年5月，前往玉门、阳关调查探险的斯坦因又在附近发现了几处望楼遗址。这种用砖建造而成的高大楼台是古代的一种通信设施，它们建在沙漠深处，每隔一段距离就有一座，一旦发生紧急战事，就会依次燃起烽火，以此传递消息，这种情景单是想想，就让人觉得异常悲壮。

另外，有趣的是，烽火台下方，驻守兵士所居住的房间的墙壁上，还留有一些技巧拙劣但气魄雄浑的涂鸦，想来是当时一些无名战士画兴大发，信手涂鸦聊以排遣苦闷。借着这些涂鸦，今人似乎可以与古人对话。

穿梭在各个烽火台之间，斯坦因猛然发现，沙漠已经进入夏季，随处可见成群的蚊子。偶尔还可以看到海市蜃楼的奇观。

整顿人马之后，斯坦因再次在敦煌城外的果树园支起了帐篷。

眼前好一派美景。之前，三月份第一次来这里的时候，榆树和杨柳还沉浸在冬日的萧条氛围里，现在却已经长出了嫩叶，果园里梨花和杏花正开得热闹。田垄已经挖好，蔬菜和瓜类农作物已经发芽，田里的罂粟早已修剪妥当。古时长安的风流之士不惜一掷千金购买的牡丹在这里争奇斗艳，与牡丹相比更具异域情调的芍药也在庭院里竞相开放，花朵硕大如盘，引人驻足。

最令他们欣喜的是路旁鸢尾正渐次绽放，紫色花苞与紫色的花朵如梦如幻。成群的山羊和绵羊在草地上追逐嬉戏，雪白的羊毛衬托得草地越发碧绿。偶尔还能看到玫瑰花架，俨然一派英国乡村的景象。放眼望去，到处都是亮眼的美景，这在早已厌倦了沙漠苍茫的斯坦因一行人看来，无疑是一场视觉盛宴。在只有冬夏两季的大陆性气候中，这短短数日的春天是大自然一年一度的馈赠。斯坦因也感受到了久违的乡愁。

五月中旬有千佛洞一年一度的浴佛节庙会，不仅是敦煌城和附近的乡村，就连沙漠深处的村庄，甚至更远的地方，青海柴达木一带都会有人来朝圣。敦煌四处熙熙攘攘，有万人之众。

传说每年浴佛节结束后的两三天，必定会有一场神圣的大风，为聚集到圣地参拜的人们吹去身心的尘垢。当地人对这一传说深信不疑。

缠足的妇人们盛装打扮，纷纷坐上手推车，赶往千佛洞。胸怀大志的斯坦因听从了蒋的建议，为了避人耳目，决定等浴佛节结束、大风平息之后再出发前往千佛洞。因此斯坦因既没有去参加浴佛节，也没有在敦煌城露面，而是趁此机会将队伍休整一番。

一天，斯坦因带着蒋和印度测绘师去了城区四公里外的一座道观游玩。那座道观位于月牙泉边，湖畔水草丰美，到处都有清水源源不断地涌出。这对于生活在沙漠里的生物来说，实在是一处不可多得的佳处，甚至连马儿都感念大自然的恩赐，贪恋这里鲜美的青草，终日流连，不肯离去。

道观的后方与鸣沙山相连。蒋迫不及待地穿着自己最心爱的鞋子登上了沙丘。果然，脚下的沙子瞬间开始滑落，远处传来了"咕噜咕噜"的响声，很像是车轮滚动的声音。

斯坦因租下了道院内的一个房间，在里面休息。他纵情欣赏着清澈的湖水，涤荡自己那已蒙尘的心灵。但即便在这段短暂而惬意的时光里，他也没有忘记观察蒋的一举一动，一刻也没有放松过。

三日之后的夜晚，那场众人期盼已久的神圣的大风终于来了。第二天一大早，沙尘仍未平息，眼前的情景让人忍不住联想起伦敦那恼人的大雾。是时候准备出发了。斯坦因早早地将沉重的行李装上了驼背。一行人收起帐篷，开始向着两个月以来一直心心念念的千佛洞进发。那些经常帮倒忙的护卫兵仍然随行。

正午刚过，队伍便抵达了千佛洞，待分配好住处、安顿下来之后，天已经黑了。

榆树丛里有好几栋僧房，大多空置，只住了一位从蒙古沙漠历经千辛万苦才到达此处的喇嘛，他信奉的是藏传佛教。看上去他在这里过得安闲自在。印度测绘师去僧房各处查看了一番，遇上一间光线很暗的空置房间很适合做冲洗照片的暗房，这让他有些喜出望外。旁边的一栋僧房则适合让骆驼队的穆斯林居住，如此便有足够的空间供他们摆放吸食鸦片的器具。另外一侧那栋空荡荡的房子，素土地面刚好适合做库房，这里十分宽敞，就算将行李堆放在里面，仍然能留出不小的空间，这对于企图花费一番心思将大量古经卷收入囊中的斯坦因来说，是一个极好的藏书之处。

蒋很快发现，无论从哪个角度考虑，这里无疑都是最佳的安身之所。于是他赶忙在住持所在的那栋僧房租了房间，一间给自己，一间通风良好的房间被定为斯坦因的备用房间。那些护卫兵们则被安置在中央寺院里两间带阳台的房间中。至此，一行人都有了落脚之处。

然而，别有用心的斯坦因并没与众人住在一起。他找了个冠冕堂皇的借口，称自己居住沙漠时，苦于水中盐分过高，风湿病时常发作，好不容易来到此地，希望独自享受一下悠然自在的生活，于是寻了一处水草丰茂的所在，在那里支起了他自己的小帐篷。

一切都已经准备就绪。

第二天一早，斯坦因带着相机，朝着中央寺院的方向走去，正遇上结伴前来向他问好的住持和蒋。蒋连忙介绍二人认识。这里的住持王圆箓是一位道士，一眼看去就是害羞胆小的人，迟钝耿直中却又透露出一丝狡猾，似乎不好对付。他少言寡语，时不时翻着眼珠观察他人的脸色，总在试图看穿对方的心思。

斯坦因评估了一下，看来，一般的手段在这位道士面前根本行不通。于是他们只是简单地寒暄了两三句。斯坦因认为多说无益，他还没来得及告诉王道士自己想在这里拍摄照片，站在王道士身后的蒋却学着西洋人的样子向斯坦因眨眼示意，似乎在说"交给我吧"。

因为对住持的第一印象不好，所以斯坦因没有心思拍摄什么照片。他暗暗给自己鼓劲，越是在这种时候，越要沉住气，耐心等待时机。他信步向北走去，在好奇心的驱使下，不自觉地在那个藏有古经卷、让他心驰神往的灵龛前面停了下来。他满怀期待地朝着黑暗的洞穴望去……糟了！右侧那扇破旧不堪的门已经被砖墙遮盖了起来，似乎在故意与他为难。

这对斯坦因来说，无异于当头一棒。他呆呆地站在原地，猜测着：是王道士看穿了他的来意，为了防止野蛮掠夺，所以做了防范，还是另有隐情？不管是何原因，他都无法接受这一做法。是不是蒋言辞不当，他的喋喋不休引起了王道士的戒备？斯坦因只觉得前路一片黑暗，于是停下拍摄，逃也似的赶往蒋的宿舍。

蒋正用一只大茶碗品尝着从住持那里讨来的茶叶，看表情似乎很享受。

"蒋先生，你可惹了大麻烦了。"

"斯坦因先生,我看您脸色都变了,不知所为何事?"

"住持好像察觉到了什么,或者对我们有什么误会,又像原来一样用砖把那扇门堵死了,这就麻烦了。"

"他把门堵上了啊?我刚知道,我这就去找住持问问。"

"确实很奇怪,似乎其中有什么隐情。你询问的时候一定要委婉一些,我们好不容易才来到这藏宝之地,一旦出了什么差错,就再无挽回的余地了。"

"山人自有妙计。请您相信,我一定有办法。"

蒋用手拍了拍一脸担心、故意压低声音说话的雇主,又轻轻地敲了敲自己的胸脯,似乎要以此告诉雇主,他已成竹在胸。

"蒋,你应该能做到吧?"

"只需要让他打开门就行,对吧?"

"是的。我们首先要粗略地看看里面的东西,了解它们大致的年代。之后再从长计议……"

蒋从行李中取出两盒罐头作为礼物,向着住持的房间走去。斯坦因则暂时回了自己的帐篷。

约莫一小时后,斯坦因正准备做午饭,蒋迈着小碎步走上前来。

"哎呀，此事有些麻烦。斯坦因先生，那些砖是前些日子浴佛节的时候，为了防止前来参拜的人干出什么出格的事情，才特意堵上的，住持说这样就不会引人注意了，这一点您可以放心。但是当我跟住持说，您想看看里面的东西做学术上的参考，拜托他打开门时，那家伙却说，除了每年来这里参拜一次的柴达木国王以外，不会为任何人打开那扇门。他说，主要是因为那些东西不是供人玩赏的稀罕物件儿，如果展示给外道[1]看就会受到惩罚。看来他暂时是不会同意的。那家伙比我想象的更加顽固。"

"好吧。他没有再说其他的吗？"

"他把来龙去脉都告诉我了。从最初如何发现藏经洞，到他将挑选出的古经卷送给肃州和兰州总督，却被当作发黄的废纸，完全没有受到重视，并受命继续就地保管的详细经过，都一五一十说出来了。"

"如此说来，里面的东西从来没有被运出来过，而且上面也没有官府贴的封条，对吧？"

"应该是这样。"

"不过，听起来他已经与你十分亲近了，肯告诉你实情就是一个非常好的征兆。那样一个斤斤计较的小

---

[1] 佛教徒对佛教以外的思想、宗教及其信徒的称呼。

心眼的男人，居然能跟你说这么多，这已经是谢天谢地了。"

"是啊是啊。现在无论是什么事情，那家伙都愿意跟我说。他告诉我，他从山西省一个偏远的乡村一路化缘来到这里，靠着帮人做法事和募集捐款来修缮寺观、洞窟和佛像。"

"若果真如此，他还真是令人佩服。"

"他最大的骄傲就是将佛像涂成了金色，经过他的不懈努力，不仅香客数量增加了，捐款的人也越来越多，所以他现在最怕的就是名声受损。"

"原来如此，我大体上明白了。非常感谢。"

斯坦因听完蒋的汇报，在脑海中迅速勾勒出了一个大致的计划。若事实果真如此，那么用金钱引诱他反而会适得其反。与其依靠能言善道的蒋从中周旋，倒不如自己直接与他交涉。

"吃完午饭我就过去，麻烦你转告住持。"

"……先生，这样做真的没问题吗？"

"这次轮到你担心了。哈哈哈……翻译的工作就拜托你了。"

"话说回来，还是带些礼物去比较好。"

"知道了。这次我也让你见识一下什么叫'山人自有妙计'。"

"先生的确是才干过人。"

蒋非常高兴,大摇大摆地消失在了榆树林中。

吃过简单的午饭,斯坦因遵照约定,在蒋孝琬的陪同下,正式登门拜访住持王道士。一番繁琐的礼节过后,斯坦因突然提出想去参观王道士修复的石窟寺院,还送给王道士一笔钱充作香油钱。住持欣然收下,连连向斯坦因道谢,然后走到一行人前面,得意扬扬地为他们做起了向导。

事情进展十分顺利,究其原因,还是因为斯坦因精准地抓住了王道士的心理。斯坦因一边走一边说:

"住持,我在欧洲也对千佛洞的大名早有耳闻,前几天您外出的时候我曾来此粗略地参观了一番。我想,它比传闻中更具美术价值和考古价值,它值得被天下所有人瞻仰。"

王道士根本不知道斯坦因口中的"欧洲"和"考古"为何物。他现在最关心的是,在他外出期间,这二人来到此地,好像给了留在寺中的年轻小和尚不少银钱。住持回去问明之后,在接下来的一个多月里,一直在期待着那位"高鼻子、棕色眼睛、高个子的白人"再次出现。

"您之前还给小和尚赏钱,真是破费了……"

"您言重了。他之前带我参观的正殿前的那座石碑在世界上非常有名,我有一位学者朋友还专门针对石碑做了研究,发表了论文呢!"

住持根本不懂什么是"学者",更不知道什么是"研究论文",所以他的回答也是答非所问:

"那个小和尚前天也去沙漠里面的村子化缘去了。"

在住持看来,眼前这位白人对自己不辞劳苦所做的修复工作不只是口头奉承,而是发自内心地佩服,这让他感到很开心。

在住持的带领下,一行人参观了住持修复的各个角落,每一处几乎都被厚厚涂上了一层金色或是其他恶俗的颜色。他们慢慢向着北边移动,不久就到了一座宽敞的洞窟前。就是这座洞窟里面的那扇门,直通藏有古经卷的密室。这座洞窟也跟其他洞窟一样,入口处已经坍塌得不成样子,佛像却被涂得五颜六色,完全分辨不出原来的样子。但住持却得意地抽动着鼻子,似乎在炫耀自己的功绩。

这座洞窟的佛像面目略带狰狞,本尊周围又有数尊胁侍菩萨。斯坦因根本无心细看这些菩萨,他总是不自觉地望向门的方向。但他极力克制自己,故意不朝那个方向看,只是不停地感叹:"简直是奇观,奇观……"

住持听后,又开始炫耀起自己的"丰功伟绩",讲述起自己是如何把这座完全被黄沙掩埋的洞窟修复成现在的模样的。事实上,让他坚持下来的绝不是利益,而是他身为住持的那颗虔诚的向佛之心。

斯坦因对住持舍身忘我的精神也感到由衷敬佩,也开始对眼前这位古怪的小个子道士刮目相看,坚信这个男人的身体里隐藏着高尚的灵魂。不管怎么说,凭借一己之力,把荒废已久的千佛洞修复到如今这种程度,确实算是一桩值得敬重的功绩。看起来,住持十分安于现在这种清贫的生活,他身上那种近乎动物一样的神秘耐力,是这位英国绅士无论如何也无法理解的。

就这样,通过短暂的交谈,斯坦因很快弄明白了住持王道士目不识丁,没有任何文化修养,而且知识范围异常狭窄。

斯坦因以往与中国的知识分子及官员见面时,都会使用一套冠冕堂皇的说辞。他会告诉那些人,自己是考古学的忠实爱好者,中国的历史及考古资料将对世界文化的发展做出贡献,任何一项发现都对世界文化史具有重大意义,他是为了寻求新的发现才历经千辛万苦来到中国探险旅行的……但面对王道士时,这些甜言蜜语似乎毫无用武之地。

但是,在为这位虔诚的信徒那颗忘我的信仰之心惊叹的同时,斯坦因突然想到了一个人——玄奘三藏。每当斯坦因提到这位大师,无论对方是学识渊博的学者,还是大字不识的白丁,都能瞬间被斯坦因收服,可以说,用玄奘三藏的事迹来打动对方,是斯坦因最有力的武器之一。没错,即便是胸无点墨的道士,也一定听说过玄奘三藏的故事。斯坦因想好了如何使自己的掠劫师出有名:

> "住持,虽然我看上去与你们人种不同,但我也是唐朝那位大旅行家及高僧——玄奘三藏——的忠实崇拜者。他历经十七年的时间,穿越沙漠,跨过高山,为取经不远万里,受尽各种磨难。如今一千二百年过去了,我又沿着他当年走过的路,从印度来到了中国。"

听完这番话,此前一直对他的话兴味索然的住持那原本呆滞而带着恐惧的眼睛中突然闪烁出光芒。当然,斯坦因也发现了这一变化,于是他乘胜追击,开始聊起了玄奘的取经事迹。

斯坦因曾经通读过比尔博士[1]翻译的《大唐西域记》,而且他还按照这本书的路线在东亚进行了探险,甚至还根据旧址、遗迹的现状,执笔为《大唐西域记》做注解,可以说是这方面的专家,所以玄奘的故事自然是信手拈来。住持是否听懂了斯坦因的讲述姑且不论,但他听到"玄奘三藏"这几

---

[1] 塞缪尔·比尔,《大唐西域记》的英译者。他的译本是直译,后来的欧洲研究者大都采用这个译本作为原始资料。——编者注

个字时所流露出的感动与虔诚却是显而易见的。

"请这边走。"

斯坦因一边比画一边滔滔不绝地讲述着,他话音刚落,眼睛里闪烁着光芒的住持就走到了前面,将斯坦因带到了正殿旁边新建的参拜厅。在砖墙和直棂窗[1]之间的柱子后面有一组颜色十分艳丽的壁画,旁边挂着让斯坦因头疼的对联和大字匾额。

壁画的颜色十分艳俗,共由四幅画组成,每一幅画里都有一个不知是猴还是人、单手持棒大耍威风的怪物,还有一个猪头人身的家伙,它们各乘一朵飞云,画面中还可以看到一位鲜明耀眼、皮肤白皙、形似玄奘三藏的高僧。

毫无疑问,壁画中描绘的就是《西游记》的故事。画面中,孙悟空和猪八戒各显神通。然而,就像住持对《大唐西域记》一无所知一样,斯坦因也从未读过从《大唐西域记》中得到灵感创作的荒诞小说——《西游记》。斯坦因的双眼中充满了好奇,视线不停地在住持和画面之间转换。王道士见状,以为斯坦因对他的讲述很感兴趣,于是把自己儿时听来的一星半点的西游记知识一股脑儿地全倒了出来:

"这幅画讲的是恶龙将玄奘三藏的马吃掉了,后

---

[1] 直棂窗,窗框内用直棂条(方形断面的细长木条)竖向排列有如栅栏的窗。

来恶龙受观音菩萨点化,又将马吐出来的故事。这座山叫蛇盘山,这条龙就住在深渊里。后面那幅画讲的是毒敌山琵琶洞的故事。让孙悟空吃了不少苦头的蝎子精败给了昴日星官,现出了原形。还有这幅图,描绘的是老鼋主动提出驮三藏法师及随行的孙悟空、猪八戒、沙悟净,连同他们从天竺取回来的二十捆珍贵的经书渡过八百里的滔滔大河,穿越激流向河岸靠近的情景。

"这都是请敦煌城的画师画的,他们也没有收多少钱,但是画作却十分精美。来这里参拜的善男信女都说,看看三藏大师如此艰难的取经之路,瞬间觉得自己穿过茫茫沙漠来这里参拜根本算不得什么。大家都很虔诚,香油钱和捐赠也越来越多了。

"在很久很久以前,三藏法师还曾在这座寺观短暂停留过一段时间,也曾在此讲经传法、翻译经书,这样看来,我们这座寺观和三藏法师有很深的因缘……"

斯坦因虽然不能完全理解悟空和八戒的故事,谈话因此断断续续,但他们却找到了玄奘法师这一共同话题,所以二人的交流整体还算愉快。最令斯坦因高兴的是,这里竟然还流传着伟大的玄奘法师曾在此翻译经文的传说。

"现在这里的洞窟大大小小共有四百五十座,当年玄奘三藏曾住过的洞窟大概在哪里呢?您知道吗?"

"唷!竟然有四百五十座吗?说起来我到这里也

有十几年了，还从来没有数过呢。我之前听人说过，在很久以前，这里曾有过三界寺、开元寺、报恩寺、莲台寺、大乘寺、安国寺等很多座寺院，寺院里面有很多的僧人和尼姑，但是之后的数百年内，这些寺庙因无人居住而逐渐荒废。我来这里的时候，很多寺院都已经被黄沙掩埋了，那场景简直惨不忍睹。不知道玄奘法师当年究竟住在何处，因为所有的地方都已经看不见一个人影，甚至连一只老鼠都没有，那景象真的是非常凄惨。"

住持对自己用双手将这里修复成如今的样子感到十分骄傲。他得意地环视着四周，那神情似乎在催促斯坦因夸赞自己。斯坦因连忙抓住机会，用夸张的形体动作，做出吃惊的样子，拼命迎合住持的心思：

"在没有任何人要求的情况下，您竟然凭借一己之力完成了这样一份伟大的事业！您的良苦用心实在令人佩服，不愧是三藏法师的继承人！我也是玄奘三藏的忠实追随者，如今我们有缘相聚在这里，我愿意捐赠一笔钱来纪念这段缘分。我对住持舍身忘我的敬佛之心十分佩服。"

住持不由联想起以前也从寄食在这里的喇嘛手里得到过银钱，不由得喜上心头。但他还是极力克制自己，并且故意板起面孔，尽力让自己看起来无动于衷。然后，他突然合掌对着斯坦因嘟囔了一句"感激不尽"，紧接着口中又念起了佛号。

对于接下来该怎么办，斯坦因有些拿不定主意。刚才他看完壁画之后曾想，可以跟住持宣扬自己就是现代的玄奘三藏，此次的使命就是像当年玄奘从印度取回经卷一般，再将经卷从中国带回印度，然后再传到西方，传到欧洲。但此刻他抑制住了这种冲动，因为他认为眼前这位道士不容小觑，王道士看起来很擅长讨价还价，此刻不能贸然采取行动。因此，斯坦因决定按兵不动，交涉的工作先交给蒋秘书，自己则继续保持客气的态度，让住持对自己有所期待就好。

于是，斯坦因开始讲述起自己在探险旅行中的种种遭遇，甚至还把斯文·赫定在塔克拉玛干大沙漠因缺水而险些丧命的故事当作自己的经历穿插在其中。他告诉住持，自己的沙漠旅行无异于一千二百年前玄奘的取经之旅。住持虽然并未完全理解，但却十分感动，玄奘三藏法师这一共同话题在两个人之间搭起了一座桥梁。

斯坦因见状，心中燃起了一丝希望，他决定今天先到此为止，待日后再深入。

斯坦因向蒋使了个眼色，要他做好善后工作，自己则借故先回帐篷去了。在回去的路上，斯坦因在心里暗暗盘算着接下来的计划，根本无心观赏路旁那整齐排列着的高低错落的洞窟。

住持则因为捐赠事宜尚未落定而意犹未尽。他依依不舍地目送着斯坦因离去的背影。在住持看来,这个碧眼高鼻红发的新"三藏"带来的随从发色各异,肤色也不尽相同,尽管跟壁画中那些奇形怪状的人物有所区别,但其中保不齐就有孙悟空、猪八戒和悟净。一想到这支国际化的队伍肯定拥有某种超乎寻常的力量,住持的心底不由得升起一丝恐惧。

在这群人中,令住持胆战心惊的还有那些挎着青龙刀、带着枪的护卫兵。稍有差池,他们的枪口可能就会对准自己,到时候就只能任人宰割了。住持左看右看,觉得这一行人十分骇人。

对斯坦因来说,这些护卫兵也是他烦恼的来源。为什么这么说呢?昨天晚饭时分,骆驼队那些虔诚的穆斯林正在做祷告,护卫兵却全然不顾穆斯林的禁忌,大摇大摆地将一条鲜血淋漓的猪腿挑了进来,由此引发了一场骚乱,最后他只能拿出枪来震慑众人。不仅如此,这群人还经常借着酒劲胡作非为,这也令斯坦因忧心忡忡。对于蓄谋已久要大捞一笔的斯坦因来说,只要稍有不慎,自己的计划就很可能被泄露出去,煞费苦心制订的计划也将告吹。这群护卫兵就是他现在最大的绊脚石。

"看来唯一的办法就是给他们足够的鸦片和酒了。"

斯坦因思来想去,最终得出了这样一个结论,暗自笑了起来。

蒋终于回来了,他悄悄将一卷经书样本带进了帐篷。蒋迫不及待地读了起来,却发现经卷内容晦涩难懂,于是告诉斯坦因,自己晚上会详细研读,便又将经卷带了回去。斯坦因虽然看不懂汉字,但是直觉告诉他,这绝非一本普通的写经。

五 石室的秘密

斯坦因刚刚起床，蒋就得意扬扬地来到了帐篷里。

"先生，我知道了。这就是您所说的那位玄奘三藏所翻译的经典。这里写着呢！"

只见经卷的卷首赫然写着翻译者的名字——"大唐三藏玄奘奉诏译"，想来蒋应该是据此推断得出的结论。

"嘀！竟然还有这么神奇的事情。"
"说起来，正如住持昨天所说，很久以前玄奘三藏曾在这座寺观停留过一段时间，还在此翻译经文。这肯定是三藏法师在天有灵，知道先生您此行是为了将经卷带回印度，被您的善举所感动，特意打开密室的门在等待着您呢！住持如果知道了，肯定也会大吃一惊。这肯定是三藏法师的旨意。"

蒋兴冲冲地朝着住持的房间飞奔而去，长袍的下摆几乎都要被他撕扯开来。

住持此时正将袈裟披在道服外，又把看起来十分像头巾的僧帽戴在头上,将念珠拿在手中揉搓了几下,然后开始鸣铃敲木鱼。他把各尊仙人菩萨摆放整齐,面向佛像煞有介事地诵起经来。早课结束之后,住持将蜡烛熄灭,打算接下来边喝茶边思考一下今天该如何对付这位白人。烛芯上的白烟还未完全散去,佛前鸢尾花上的晨露仍在闪闪发光,房间里弥漫着廉价线香散发出的味道。

"早上好,住持。我有重大发现,一大早就赶着向您报告来了!简直太不可思议了!这个,您快看看这个!"

蒋把住持昨天交给他的长卷展开,用细长的小手指将"玄奘奉诏译"几个字指给王道士看。根本不识字的住持无奈地皱了皱眉,不自然地笑了笑。

"您看到了吧?这里清楚地写着,这卷经文是三藏法师翻译的。这是何等的因缘啊!昨天住持和先生分别讲述了三藏法师的事迹,先生也非常欣赏那壁画。而您交给我的经卷又是三藏法师亲自翻译的,这难道不是三藏法师的旨意吗?!这太不可思议了!

"换句话说,那位白人先生虽然发色和三藏不同,但他就是如今的'三藏'。如有怠慢,即便日夜供奉守护神三藏法师,您这位住持也无法向大师交代。您万万不能小看了这其中的因缘啊!"

"原来经卷上是这样写的。原来如此。"

王道士此时极力伪装着,生怕对方看出自己是文盲。他围着经卷转来转去,不时地点点头,装作看懂了的样子。

"那么这位白人先生接下来是如何打算的呢?"

"听说有个密室里面存放了很多三藏法师亲笔书写的经卷,他明天想进去看看。您只要让他看看,他就会给寺院捐助一大笔钱。简单来说,他就是想以自己崇拜已久的玄奘三藏的名义,对您此前为守护、修复寺院所做出的努力表示感谢。"

蒋咽了咽口水,仔细观察着住持的反应。

胸无点墨的住持很快相信了蒋编造出来的牵强的理由。而且昨天那个白人曾主动提出要捐钱,今天秘书又多次提到了"捐款"这个词。虽然不知道这笔捐款具体有多少,但他心里非常清楚,他此前辗转于沙漠里的各个村庄之间,费尽口舌募集来的那些善款绝不能和这笔钱相提并论。

住持又怎会错过这千载难逢的机会!他连忙脱下道服扔在一边,挽起袖子,从佛像后面取出那个神秘书库的钥匙,若无其事地藏进了暗兜里。

"这点儿小事根本算不得什么,但如果让旁人看见了恐怕会惹来麻烦,所以还要劳烦蒋先生帮我个忙,跟我一起把那里的砖头清理一下。"

"不愧是住持。虽然这样说有些失礼，但我还是要说，您真是一点就透，完全不像生活在乡下的人。您应该也是三藏法师派来帮助我们的吧。事不宜迟。先生听到消息后肯定也会特别高兴。捐款的事情我记下了。"

蒋此时早已挽起了袖子，一边说着，一边用那白净的手轻轻捶了捶自己的胸膛。

斯坦因也趁着天还未热，来到他关注多时的那两座中央洞窟拍摄壁画。之所以选择现在去拍照，原因之一是这些艺术品确实令他心驰神往，但最主要目的是转移旁人的视线，可以在这里安心等待蒋的好消息。两个护卫兵扛着干板箱[1]和三脚架跟在后面，颇为稀奇地看着斯坦因的一举一动。

每座洞窟都像商量好了似的，只留有入口和地面砖，三面墙壁和顶部则装饰着各色壁画，琳琅满目。

小型的千体佛、大幅的极乐世界、菩萨排班列队图、供养、来迎引接、佛诞传说、本生谭、地狱的景象等各种各样的图案应有尽有，其中既有石窟建成之时绘制的，也就是六朝时代到唐代之间的作品，又有后来添加的、年代较晚的作

---

[1] 干板即表面涂有感光药膜的玻璃片，也叫硬片，主要用于照相。干板箱是用来装干板的专用箱子。——编者注

品。这些壁画的风格和形式也各有不同，有些带有明显的中国内陆特色，有些又能看到西域各地、西藏壁画的影子，还有一些则融合着印度风情。其中一些已经褪色，有些出现了磨损，甚至剥落腐烂，但斯坦因发现绝大部分壁画仍保留着最初的样子。

受地理条件限制，这里的壁画虽然不似印度的阿旃陀石窟壁画般画面宏大，但年代更为久远，而且其中不乏与阿旃陀石窟壁画类似的作品，所用的绘制手法和颜料也如出一辙。洛克济教授的报告果然没有说谎。就算把自己带来的大部分干板都用来拍摄这些精美的壁画也物有所值。斯坦因不停地按动快门。然而洞窟内光线黑暗，这给斯坦因带来了不小的困难。

他每拍摄完十张就会小憩一番，点上一支烟。而两个护卫兵则互相给对方使个眼色，然后便匆匆忙忙地向僧房跑去。很明显，他们是去抽鸦片了。如此一来，斯坦因反而落得轻松自在。

不一会儿，斯坦因盼望已久的蒋秘书兴高采烈地飞奔过来，向他报告神秘石室的门已经打开。斯坦因极力压制住自己激动的心情，将照相机放回帐篷。之后，为了保险起见，他又去僧房查看了一下情况，发现士兵们正躺成一排，在黑色迷雾中的极乐天堂里遨游。万事顺利。斯坦因连忙朝着密室的方向跑去。

那是一间在岩石上挖出来的方方正正的洞窟，比前面的石窟寺院高出半米左右。借着住持手里的一盏小灯，斯坦因定睛朝黑暗中望去。古经卷特有的气味扑鼻而来，成捆的经卷堆了三米多高，石室被塞得满满当当，进去以后连转身都十分困难。里面俨然是一座经卷堆成的山！斯坦因愣住了，呆呆地望着眼前的经卷。待他回过神来，强烈的兴奋战栗般传遍他的身体。

"住持，能否容许我寻一个地方研读一下这些经卷？"

住持并不介意斯坦因翻阅这些经卷。只不过，他擅自给白人看这些东西的事情一旦传扬出去，那自己辛辛苦苦经营而来的地位恐怕就保不住了。

但实际上，自从发现这里，他就已经做好了准备工作。他事先在正殿旁边留出了一间备用房间，如果把经卷搬到里面，再用隔扇隔开，那里就成了一间隐蔽的书房。想到这里，住持放下心来，跟斯坦因约定，从当天起，每天顺手搬几捆经卷送到"书房"去。

最开始搬过去的两三捆写经都是写在黄麻纸上的汉字写经。斯坦因先让蒋辨认出卷尾标注的年号，然后自己再对照年表，发现它们全都是唐代及更早期的经卷。当然，其中也有一些因储存时间过长，首尾部分和上下两头都已经破烂不堪，无法确认年代的经卷。但可以说：越是这样的经卷，越证明其年代久远。

如果这些经卷都是六朝时期的写经或者唐经，那么这里就是名副其实的世界级宝库。斯坦因甚至开始怀疑自己是不是正置身于传奇故事中,他现在仍不敢相信,自己的这双眼睛竟然正浏览着这些珍贵的经卷。

不知道住持是出于何种想法,他不让斯坦因和蒋踏入石室一步,总是自己一个人走进那光线昏暗的密室,从满是灰尘的古经卷堆成的小山上随意地挑选经卷。他有时从小山的边缘位置取,有时又会从中间取,有一次他还像只蝙蝠一样,匍匐在堆积的经卷上,将最高处那包裹成三角形形状的经卷包袱取了下来。

蒋在石室外接着住持取出来的经卷,随口说上几句客套话,或是赞赏一番,再转交给斯坦因。斯坦因则将经卷拿到"书房"里,迫不及待地打开,查阅其中的内容。这时,蒋这位助手就不可或缺了。蒋总是趁住持一边发着牢骚一边走进石室寻找经卷的间隙,帮斯坦因识别古写经的年号,然后再一脸得意地编写目录。

住持取来的经卷中,有的是写在黄麻纸、白麻纸、楮纸等硬质纸张上的经卷,十卷一束,随意捆扎的经卷捆;有的则是二十卷一包,裹着包袱皮,包装得十分仔细的经卷包袱;有些包袱皮上还写着貌似寺庙名字的字样;经卷本身也大小不同、长短各异,有的有卷轴,有的没有……面对这个结果,蒋写完一页目录时,斯坦因编写目录的计划就搁浅了。

究其原因,是因为其中有些经卷虽然翻译成了汉语,但蒋连经卷名都辨认不出来,而且后来还出现了梵文经典、藏文的《甘珠尔》[1]，虽然这些是斯坦因较为擅长的语言，但此后又陆续出现了很多他们见所未见的奇异文字，还有贝叶经[2]、书写在绢上的经卷、画在绢上的绘画，以及一眼看上去是写经，实则为印刷本的经卷……这座宝库的内容之丰富令人咂舌。

斯坦因擅长梵文，他在这里发现了大量的中亚梵文贝叶经，梵文经典数量之多，真是见所未见，闻所未闻。当然，比起他不熟悉的汉字经典，他更愿意把钱花在这些梵文经卷上。于是他声称这些都是自己要继续查阅的经卷，然后将其单独归为一类。

就这样，斯坦因和蒋每天都会翻阅经卷至天黑，然后再若无其事地走出正殿。在告辞的时候，斯坦因还会抓住因为不断进出石室搬运经书而筋疲力尽，甚至有些精神恍惚的住持，谈论参拜厅中三藏西天取经的壁画。

"住持，玄奘三藏曾为了教化众生，为了佛法传播，历经千辛万苦从印度取回这些珍贵的经典，如今您既然已经知晓这石室与三藏法师之间的因缘，那您就应该知道，如果没有人肯在这黑暗的石室中阅读这些经

---

[1] 《甘珠尔》属《象雄大藏经》，有一百七十八部。内容涉及佛学、哲学、逻辑、文学、艺术、星相、医学、科学、工程等领域，是一部古象雄时期藏地文化的全景式百科全书。——编者注
[2] 贝叶经是用刻刀在贝多罗（梵文Pattra）树叶上所刻写的佛教经文。——编者注

典,任由它们被掩埋,那将是世界文化的重大损失。我们现在这样做,应该也是遂了玄奘三藏大师本人的心愿吧。

"关于如何将它们传播出去这一点,希望您也能认真考虑一下。正所谓'与人方便,于己方便',如果住持您深明大义,给予我们方便,那么酬谢的事情,我们也会仔细商讨的。"

斯坦因又着重在"三藏"的问题上下功夫,而且还鼓动住持说,只要他肯帮忙,就会给他一大笔钱作为谢礼。尽管住持十分谨慎,但听到这番话后还是露出了满意的表情。

于是,斯坦因乘胜追击,给住持宣讲大英博物馆的情况。他向住持保证,这众多的藏书及艺术品绝不会被闲置,它们一定会为研究者所用,为世界文化做出贡献,还将大英博物馆与玄奘三藏在游记中曾提及的印度那烂陀佛教大学联系起来讲解一番,混淆视听。

当然,这些讲解在住持听来与天书无异。但他隐约明白了,这位不为自己利益,只为众生的白人"三藏"正在经历与玄奘三藏一样的艰苦旅程。所以,尽管他还不知道该怎么处理这些经卷,但多少放下了一些防备,而且住持觉得,能与一位"白人三藏"这样轻松交谈也不失为一件乐事。

斯坦因看到自己的第二步计划有了成效,不由得一阵窃喜。接下来还是交给蒋,于是,他克制住自己对那些经卷的垂涎之态,硬是装出一副漠不关心的样子,回自己的帐篷去了。回去之后，他打开年表，开始研究这个足以震惊世界的石室究竟是在何时被这堵神秘的墙壁封闭起来的。

当然，斯坦因无法了解石室封存的详细情形，但从当时能查到的线索看来，石室的封闭时间最晚不会晚于12世纪。至于封闭原因，应该是在宋朝初年，也就是真宗或仁宗年间，西夏军队一路势如破竹，向此地发起了潮水般的攻势，僧人们为使这数不清的经卷免于战火，才将其秘密封存在了石室中。

仁宗景祐二年是公元1035年，也就是说，这些经卷在这间安全的密室中沉睡了至少九百年的时间。想来这样的推测是没错的。

既然如此，那就更应该排除万难，将这些宝贝带走。这既是为了世界文化的发展，也是为了这些古经卷，还是为了给自己提供探险费用的大英博物馆以及印度政府，最后，也是为了自己……斯坦因绞尽脑汁，思考着各种笼络王道士的计策。

斯坦因吃过饭后，在灯光下点了一支雪茄，为了让自己活跃的大脑平静下来，又喝了几口烈性甜酒。这时，蒋特意避开旁人，蹑手蹑脚地走了进来。只见他从宽松的外套中取出了一捆经卷，放在桌子上，笑容满面地小声说道：

"那家伙终于同意我们带走了。想必是玄奘三藏发挥了作用。"

在接下来的几天里，他们白天不露声色，只在正殿旁边的房间里翻阅经卷，然后将看中的经卷单独整理归类。待夜深人静时，蒋会将挑选出来的经卷送至斯坦因的帐篷。每晚如此，一直持续了五个晚上。

斯坦因震惊的情绪也与日俱增。他带出来的这些经卷，任意一卷都能在欧洲学术界掀起轩然大波。珍贵的经卷像泉水一般不断地涌现出来，如果每一卷都仔细研读，那么莫说一年，就算穷极一生，可能都看不完。

不，现在不是做假设的时候。如今看来，即便把他读不懂的汉文经卷排除出去（尽管汉文经卷的数量也极其庞大，而且每一卷都是极为珍贵的资料），换句话说，单是他单独归类出来的横向书写的经卷中，除他能够辨认出来的梵文、中亚梵文、藏语、土耳其语、波斯语、希腊语作品之外，他推测应该还有很多用所谓"西域三十六国"的各种古语书写的经卷，而这些语言中的绝大部分都已经成为死语言[1]。

在斯坦因曾看过的经卷中，至少已经出现了十多种语言。恐怕今天将全世界的东方学者都动员起来，也无法完全破解这间石室的谜团。而且，除佛教经典之外，经卷中似乎

---

[1] 死语言是已经不再有人以之作为母语使用，在日常生活中已经绝迹的语言。

还有摩尼教、聂斯脱利派、拜火教[1]及其他各种宗教的典籍。

这简直就像民间故事一般。在《一千零一夜》中,一句"芝麻开门"就能打开山洞门,而鸣沙山石室坚固的大门则是靠"玄奘三藏"这句咒语打开的,里面的经卷在沉睡了九百年之后苏醒了过来。它是连接世界东西方历史的链条中的重要一环,已经沉默了多年,而他,斯坦因,如今亲手将其从黄沙中拾捡了起来。

斯坦因觉得随着时间的推移,自己必将成为一位伟大的人物,他不禁产生一种飘飘然的感觉。可是每当看到那位身材矮小、面目木讷而眼神执拗的道士,他立刻就提醒自己,切不可得意忘形。然而到了晚上,当蒋把那些单独归类的经卷送到他的帐篷中时,他又会不知不觉地骄傲起来。

在这样的某个夜晚,斯坦因梦到自己的头和脚伸到了床的外面,然后他的脚就被住持砍了下来,这与希腊神话普罗克汝斯特斯之床[2]中的情节如出一辙。当他醒过来之后,回忆起这个孩子气的梦,不禁苦笑起来。

---

[1] 拜火教即琐罗亚斯德教,是古代波斯帝国的国教。摩尼教之源,在中国称为"祆(xiān)教"。基督教诞生之前,拜火教是在中东最有影响力的宗教。——编者注
[2] 妖怪普罗克汝斯特斯假装是个和善的主人,邀请路过的人到家里放松一下疲惫的筋骨,让他们上床休息。他要求客人与床的大小正合适。如果客人的腿或脚搭在床沿上,他就将其砍掉;如果客人太矮,他就将客人硬生生拉长,直至将人折磨死。——编者注

但其实，最让斯坦因遗憾的事情是他不懂汉语。这无异于进了藏宝山，最后却空手而归。虽然他的助手——蒋孝琬——倾尽全力帮助他，但斯坦因还是忍不住叹息，但凡他在汉字方面的学识能达到印度学知识的十分之一，他就能更加深刻地感受汉文写经之美，以及卷首绘有佛像、美观到让人误以为是雕版印刷的唐代经典的妙处。

或许，对于哄骗住持每天汗流浃背地将数不清的世界级珍宝默默地从石室运出来一事，斯坦因也曾有过反省，但这种情绪很快就烟消云散了。

蒋白天负责翻译汉文经典，晚上则将斯坦因单独归类的经卷送过来，不辞辛苦地工作着，而住持在这五天的时间内也似乎完全默许了这件事，尽管也偶尔担心惹祸上身，但他会很快放下顾虑，继续精神抖擞地、机械地搬运起经卷来。

就这样，刚开始时，住持还担心这些古经卷堆成的山一旦倒塌，自己矮小的身躯会被压在底下，但到了第五天时，他担心的事情已经变成了这些经卷包袱会不会累坏他的胳膊。

住持最初的想法，是趁着尚未引人注意，搬运一些经卷出来，于是他一心只想着往外搬运，但五天过去了，看到运出来的经卷数量如此庞大，他才意识到，自己是不是太大意了。尽管旁人不了解石室内的情况，但是稍有不慎，正殿内的异常情况都有可能会暴露。于是他又开始变得警惕起来。蒋和斯坦因见状，赶紧想方设法煽动住持，让他重新鼓起干劲，完全不给住持留思索的余地。

五天的时间里，住持搬运到正殿旁边的经卷中，仅汉文、藏文经卷就多达一千零五十包，还不包括单独分类的杂项，也就是绘画作品等艺术品，由于有的是绢本，有的是纸本，大小不一，所以根本无须特意打开包袱就能辨别出来，于是斯坦因直接将它们归入了单独分类的行列。除此之外，还有梵文经卷和贝叶经，斯坦因也来不及仔细翻阅，一股脑儿地交由蒋运送到了帐篷中。从石室中运送出来的文物数量之庞大着实令人震惊。

住持为了不引人注目，也耍了一些小聪明，抽取经卷的位置并不固定，所以由古经卷堆成的山从外观来看并没有明显的变化，而且石室内的光线原本就十分昏暗，所以旁人很难发现。住持在意的不是取出来了多少经卷，而是经卷堆上留下的洞有多大。

六 马蹄银的诱惑

寻宝者的内心总是矛盾的。面对垂涎三尺的宝贝，如果出价太低，对方自然会不愿意。但若是给价太高，又反而会引起对方的警觉，或反过来被对方拿捏。斯坦因思索着该如何对这个目不识丁却狡狯多疑的住持开口，一直等到了第六天的早上，终于决定开始行动的斯坦因把助手蒋孝琬叫到帐篷里商议，并提出了自己的想法。

没有比流着相同血脉的同胞更懂得这个民族的心理了。稍有不慎，就可能与唾手可得的世界级大宝藏失之交臂。不过蒋马上心领神会，并胸有成竹地说道：

"先生尽管放心，此事定是万无一失的。那老头早就对这个垂涎欲滴了（说着用大拇指与食指比画个圆后露出了猥琐的笑容），您只要稍加安抚，又岂有拿不到的道理？只要我们乘胜追击，我想不出今日，定能让您了却心愿。

"今日一早，他在佛坛念完佛经后，我也如常地在他回僧房的途中打了个招呼。往日他都会笑脸相迎，客气地邀我喝杯茶，但今日却黑着脸生气道：'那些守卫太不成体统，昨天无聊之余竟跑到后面的鸣沙山上撒野,就算那沙响声再有趣,就当真不畏佛祖的惩罚吗?一个个竟都这么放肆?看着吧,不要多久,就会天降大风暴。'说罢又抱怨起那些骆驼队,说他们也是放肆得很,佛门净地岂容他们如此玷污,居然敢在门前的河岸上清洗沾着粪便的骆驼屁股。言语之中满是对骆驼队的埋怨。

"他说这五天里已是一刻不停歇地往外搬那些厚重的经书了,可那些人呢?不仅连声招呼都不打,就连到底要磨磨蹭蹭地调查到何时也不知道。接着就赌气般地说今日腰疼恕不奉陪。从一早开始就是这副剑拔弩张的架势。

"于是我们都好言好语地哄着他,可越是如此,那老头却越发放肆,眼下竟又耍起了脾气,莫名其妙地发火称'莫要说一包汉文经书了,连一卷都不会给的'。"

"哎呀,这可怎么得了……"

"先生放心,这不过是在变相地暗示我们罢了。他心里清楚,真要生气了,亏的还是自己啊。其实这样正合我们的意。谈判这种事,自古以来都是心急者输。哈哈哈……"

"蒋君,还真有你的啊。不过还是要小心为上,这件事绝不能有任何差池。"

"多谢夸奖。我这也都是为了先生啊。用先生的话来说，就是为世界文化做贡献。

"我看差不多时机到了，便慢慢地劝他道：'住持切莫意气用事，您一开始不是还信誓旦旦地打了包票吗？先生乃是英明有德的大人物，绝不会亏待您的。还望住持莫要错失良机啊。

"'想必住持也知道，若先生能像玄奘三藏那般把这些经书带回印度或欧洲，那这些经书定会比起埋在这甘肃沙漠的黑暗洞穴中不见天日更能为教义和众生做出贡献吧。如此一来，住持自然也是功德无量，便是比那壁画上的人物也毫不逊色，来世定能托生到佛教净土，受万人尊敬，过上舒适安逸的生活。'"

"然后呢？"

"然后那老头噘着嘴，可算说了真话：'来世是来世，现世是现世。我如今就已是鱼游釜中了。'"

说实话，斯坦因一直都在耐心等待对方先开口。自己虽不通汉语经典，但毕竟也见过许多亚洲典籍和艺术品，就经验来看，那些经卷定属于中国、朝鲜、日本所藏的著名大藏经中的一部分。若有可能，斯坦因想将它们全部打包带去自己的国家。

话虽如此，可要将如此多的东西带回国，势必会引起舆论的争议，或遭到阻挠。万一遭受非议，今后就很难再在西域故址、废弃洞穴里继续发掘了。更何况若被总督知道，说不定就会立刻下令停止搬运，甚至付诸武力来进行阻挠。

纵然有这些危险，但与这些世界级的宝藏相比，危险还是微不足道的。比起跟住持绕着圈子说一堆场面话，蒋的这番话显然更直接，蒋是一下便读懂了住持的心思。既然如此，那就索性花钱把它们都买下来。这对双方都好。

斯坦因当机立断，决定把石窟遗经全部"救出来"。他心生一计，唤来蒋孝琬交代一番，让他马上返回住持的僧房，去传达自己的意思。

"刚才先生讲了，实际上您也读不懂这些经书（他早就识破住持根本不识字，所以才这么笃定）。更何况，如今的许多中国人就连玄奘三藏是谁都不知晓，更别提研究这些经书了。好好的宝藏岂不就这么糟蹋了吗？与其如此，不如将它们带去大食国或者伦敦（他把听说过的那些一知半解的名称一股脑儿地说了出来），让那些著名的学者来实现它们的价值。或许，这也是佛教大师们宣讲佛经的初衷，是玄奘三藏大师的夙愿。

"先生也很大方，准备给您四十锭大马蹄银。四十锭马蹄银哪，住持，那可是五千卢比呢。您拿到这些钱后，若是嫌这里人多嘴杂，大可回山西老家买田置地，至少能保您余生衣食无忧。若继续留在这里，也无须再四处化缘便可完成修缮寺院的毕生夙愿。岂不甚好？

"这些破旧又晦涩难懂的经书，总督和那些官员根本不屑一顾，对他们来说就如无用的废物一般。用这些无用之物换了钱财，干一番大事业，谁听了不都得夸您一句厉害，又哪里会落人埋怨呢？也只有如您一般德高望重的高僧，才能让千佛洞重现昔日的繁荣景象，到时候自会源源不断地涌入大把的香火钱和善款。千佛洞的美好未来岂非指日可待？"

蒋孝琬的口舌不可谓不优秀，可住持却反而被吓得打起了退堂鼓。其实斯坦因也做好了准备，若住持觉得四十锭马蹄银太少，他就打算出价到八十锭，也就是一万卢比。不过没见过什么世面的住持早就被四十锭马蹄银给唬住了。虽然财帛动人心，可交出全部藏经兹事体大，他不禁胆怯了起来。

凡寺院之宝物，都要在得到信徒许可的前提下方可处置。万一自己擅自处理，这八年来好不容易建立起来的"高僧名望"很可能就会因此毁于一旦。

而且别看这些东西平时似乎毫无用处，但有件事不得不考虑：每年，虔诚的王爷都会从青海柴达木来此参拜这些经书。能在不引人注意的前提下拿出一些换点钱财倒还无妨，但若是全部搬空，恐怕将来会生出许多事端。

就住持的角度而言，有这些思虑不难理解。但蒋孝琬可不愿意错过这次良机，便一直连哄带骗地劝说着他，在僧房和帐篷之间来来回回往返了两三次，就连斯坦因都亲自上阵了。但越是如此，住持便越是警惕，最后干脆如缩头乌龟般躲了起来。

如此接连交涉了两日都毫无进展。转眼到了第三日早上，斯坦因如往常一样来到正殿的读书处，发现昨日还堆积成山的经书竟全部不翼而飞了。难道是那住持过于担心，连夜将其搬回了石室不成？

突发情况让斯坦因大惊失色，慌忙去找蒋询问。这些经书原是三人足足花了五日才搬来的，绝不可能仅凭住持一人之力就在一晚上全部搬空了。

"蒋君，你和他同在一个屋檐下住着，难道毫无察觉？莫非你也帮了忙？"

蒋孝琬懦弱地搓着手，弓着腰说道：

"岂敢呀，先生。就算流着同一民族的血脉，我和那种没文化的粗人也是完全不同的。"

说着，他挺了挺腰板，耸起了才到斯坦因胸部的肩膀。

斯坦因此刻才清晰地感受到，这个世界上一直生活着两种人,每个国家都有。一种是像蒋孝琬这种精通外语、几乎与外国人无异、让人看不出国籍的"精英人才",这一类人能成为外来者的得力助手,很让外来者省心,可没有鲜明的自我,骨子里尽是软弱,也十分无耻,只要能得利,哪怕损害国家利益也在所不惜,还总有自己的一套说辞,沦为别人的奴隶还沾沾自喜。

而另一种人呢,就是浑身散发着土气的住持那样的,虽然目不识丁,却带着一股执拗的力量的人。他们十分无知,所以才能心安理得地以善人自居。

于是,斯坦因不再勉强。他想起了那句俗语——退一步海阔天空,他觉得现在不是索要全部经书的时机,应改变策略,只要求住持拿出一部分即可。除此之外,不仅要给住持合适的酬劳,还要设法保全他的颜面。

既然将石穴里遗留的经书全部搬走的计划无望,英国人斯坦因就以自己特有的耐性,继续伺机而动。

这一次,斯坦因不再操之过急,对住持也是言听计从,如此总算取得了些许进展,对方给多少就收多少,不再做额外要求。看住持的模样,也并非不近人情之人,只要能顺利交易一次,后续就有望继续交涉。现在的关键就是要利诱并拿捏住这个住持。

斯坦因暗自计划着,准备就这么锲而不舍地两次、三次、四次周旋下去,保证每次都能拿到一些,最终拿到全部经卷。这么说来,这人烟稀少的边境石室可比英格兰银行的大保险柜更适合实施自己的伟大计划。

这个计划的最关键之处便在于如何收买眼前这位看守人的心。

斯坦因打定了主意,而且听蒋孝琬的意思,住持的怒气已经消散了许多,同时也想明白了"要是闹得鸡飞蛋打,丢了重要客户那可就得不偿失了"的道理,并且也表态了只要信徒们察觉不出,倒也不妨让出些许给自己。于是双方相互各退了一步,之前剑拔弩张的谈判也终于圆满地落下帷幕。

接着,住持从收拾回去的包袱中拿出了五十包基本完整的汉语经书和五包保存完好的藏文经书。与此同时,斯坦因也拿出了四锭大马蹄银塞到住持此刻没有拿托钵的手中。

当然,方才已经搬到帐篷里的那些梵文、藏文、土耳其文,以及一些汉语经典、画卷的酬劳,也一并算在这几锭银子中了。

这下,斯坦因悬着的心总算放下来了。从来就没见过这么多银钱的住持,握着这些沉甸甸的马蹄银,也是高兴得心花怒放。只是虽然银两在手,却免不了担心这洋人会拿些假银钱来糊弄自己。于是他挨个拿起来仔细地瞧了瞧印记,又用手弹一弹,再拿着两锭相互敲打了一番,直到听到清脆的纯银声才彻底地安了心。

一直到深夜,四周已经寂静无声,可住持仍没有丝毫倦意,宛如抚摸着爱猫的贵妇人一般,陶醉地把玩着那些马蹄银。

多年梦寐以求的大马蹄银，这次竟意外地得到了足足四锭。简直是天大的好运。这无疑是佛祖对自己常年化缘、一心修缮这座破旧寺院的奖赏。

转念一想，似乎不对：与其说是佛祖，倒不如说是多亏了三藏法师。不愧是自己认定的守护神。那个红发碧眼的白人"三藏"好像也把三藏法师当成了守护神。论起来倒也是渊源颇深啊，定是守护神在暗中撮合吧。

住持信步向屋外走去，不知不觉中就来到走廊上的壁画前。他朝着在月光下泛着灰白、略显怪异的取经壁画，双手合十着念起了经。也不知是不是心理暗示的作用，画中那征服了一众怪物却稚气未脱的三藏法师，此时竟闪耀着宛如佛和菩萨一般的光辉，看起来越发德高望重、神圣庄严。

随后住持又围着僧房转了一圈，确认附近没有可疑人等后，便回到房间，然后小心翼翼地锁好了房门。他下定决心，无论蒋孝琬再来说多少好话，今晚也定然不会让他进来。住持一会儿将银两放在枕头下，一会儿藏在佛像后，一会儿又取出来藏在胁侍菩萨的台座下，可怎么都觉得无法安心。最终，还是在床底的地板上挖了个坑，又将银两放进小瓶中埋了进去，这才终于放下心。

细想之下，虽然每年来此参拜的蒙古王和敦煌富豪都会或多或少地捐点善款，但若论起大方，还得是眼前的这位斯坦因，不愧是白人"三藏"啊。心情雀跃的住持兴奋得辗转难眠。

再看斯坦因，他趁着阴晴不定的住持还没变卦与他顺利达成了交易，接着便马上叫来心腹骆驼队的伊卜拉希姆和齐拉，命令他们避人耳目，小心谨慎地将到手的五十包经书运往早已准备的仓库。大功即将告成，他便也大大方方地将蒋孝琬唤到了帐篷里。

蒋孝琬终于不用再蹑手蹑脚，可以光明正大地出入斯坦因的房间了。斯坦因特意命厨师做了几道好菜，又甚是开心地开了一瓶香槟。这瓶香槟可是他不远万里带来专门用于庆功的。他举起高脚杯庆祝这次成功，并感谢蒋孝琬的鼎力相助。

蒋孝琬很快就喝醉了。自己国家的稀世珍宝即将被外人掠走，他非但不叹息，反而还因帮上了忙而沾沾自喜。在斯坦因的怂恿下，得意扬扬的他竟像个自信的歌手一般，接连唱了几首曾在边境流浪时学来的西域民歌。

斯坦因将步履蹒跚的蒋孝琬送出帐篷。当晚月色迷人，鸣沙山上数不清的佛洞尽数沐浴在银白色的月光下，其中还有闪烁着点点金光的灵龛。

多么神秘，多么震撼人心！斯坦因突然心生一股敬畏之情，对这些守护着自己的众多神灵祷告了起来。尤其要好好地感谢玄奘三藏大师啊！

他走近供奉着三藏法师的灵龛，用卷烟代替线香，点燃后插在灰炉中，虔诚地低头默默祷告。

已经走到正殿附近的蒋孝琬那如夜间怪鸟一般的歌声，打破了无边无际的沙漠所独有的深邃寂静。斯坦因也被这个泯灭了国籍却对自己忠心耿耿的秘书的好心情所感染，一边低吟着年轻时背下的诗，一边任由风抚弄着微醺的脸庞，在河岸边的草地上徘徊着。——欢喜过后，往往就是淡淡的空虚与哀愁了。

当然，斯坦因才不是那种沉浸于伤感中不可自拔的人。他一边走着，一边筹划起明天的搬运事宜。为了如住持所愿避人耳目，明天要想办法支开那些守卫兵卒及骆驼队中那爱说长论短的厨师。

于是他心生一计：给守卫放两日假，让他们去敦煌买鸦片。骆驼队那边则只需留下自己的心腹伊卜拉希姆和齐拉两人，其余的全都打发去和厨师一起采购食材。搬运妥当后，便须即刻筹划去安西的探险之旅，因此整个过程务必要保证万无一失。

斯坦因就这么一边独自往帐篷走去，一边猜测此刻住持在做什么。不过今晚过后，自己也就无须再与他见面了。

哼着小曲的蒋孝琬不想孤零零回到那个无趣的房间。若是在城里，这会儿的他绝对要逐店闹饮，再摸进花柳巷中找个女人温存一番。可这里是千佛洞，能算得上雌性的就只剩下母骆驼了。但他又迫不及待地想找个倾诉对象，便兴致勃勃地敲响了住持的房门。

住持把这命一般重要的银钱把玩了好一阵子,接着把它们埋进了土里后长嘘了一口气。巨款入手的兴奋并没有持续太久,担忧和恐惧很快就如乌云般笼罩在他的心头。这是突然得到意外之财的本能反应,更直白的说法——那是对不义之财的警惕心。

道士默念着驱邪的经文,用又硬又薄的棉被把头蒙住。思前想后,他决定明天去一趟敦煌,看看民间有没有因此兴起什么对自己不利的传言。

就在此时,门外响起了急促的敲门声。住持吓了一跳,但最终还是选择不搭理,而是像缩头乌龟一般双手堵住耳朵。可门外的人丝毫没有要走的意思。

就这样堵着耳朵念了一会儿经后,住持微微探头向外看了看,蒋孝琬那熟悉的声音透过门缝传了进来:

"住持,大师,高僧,快开门。如此开心的夜晚,您怎么能这么快歇息呢?这次先生很高兴,您也很高兴,我也很高兴,三人都甚是满意,此乃世上少有之幸事啊。

"大师,快起来啊。让我们彻底忘掉白天的算计和交易,换个心情畅谈一番吧。要是我就这么离开,肯定会为失去同为中国人的情谊而后悔不已。我们是同甘共苦、彼此信任的患难朋友,您拒绝谁,都不应该拒绝我和三藏法师啊。"

如此宝贵的夜晚，又如此大声地嚷嚷，任这千佛洞再人烟稀少也实属无礼。住持不想开门，便只得谎称自己身体抱恙，躺着用虚弱的声音答道：

"傍晚的时候感到有些不舒服，便早早躺下了。今晚恕我不能奉陪了，明早再叙吧，蒋先生。"

"那可怎么得了。我哪儿还能放心回去呢？门锁就不劳您打开了。我马上用折刀撬开，进去照顾您。"

撬锁？住持吓得连忙起身开了门。蒋借着月光一看，住持面色苍白，连忙摸了摸住持的额头，湿漉漉的全是冷汗。

"糟糕糟糕，您赶紧休息吧。今晚我就留在这里照顾您了，您这跟前连个差使的小僧都没有，又尚未娶妻，可不就如寒岩枯木般孤苦伶仃、无依无靠吗？照顾喝水吃药，对我而言也是一桩积攒功德的善缘啊，定会有福报的。这是平静心绪的妙药，您先服上五六颗吧。"

蒋说着，便从一个银色的小盒中倒出几颗金色小球似的药丸，伸到住持的嘴边。可住持的心里却打起了鼓：万一这是毒药，自己岂不就一命呜呼了，那些宝贝马蹄银自然也会被抢走。他迟迟不敢接过药丸。蒋很快明白了住持的顾虑，于是将药丸放进自己口中嚼了起来。

"这是先生从伦敦带来的,据说能治百病。您嚼嚼看,入口后瞬间清凉舒爽,就像口中盛开了一朵清香之花。我觉得您肯定是今日操劳过度了。总不能是方才那些大马蹄银引发的腹痛吧?哈哈哈,开玩笑的,大师莫怪罪。不过,不管什么病,只要吃了这个就会立即痊愈的,大师尽可放心。

"此外,还有一件事您也大可放心。在此处您和先生的交易中,我虽出力颇多,若是其他的华人,定会管您要些好处的,但我绝不做此般卑鄙之事。毕竟我一直都秉承着英国的绅士之道。"

得知蒋并非为分钱而来,住持才稍微松了口气。而蒋给他含的金丹在口中真是清爽无比,犹如一阵清风吹入口中,随即通过鼻子到达头顶,不知不觉连呼吸都畅快了几分,身体也随之轻盈了许多。还真是神药。住持突然转向蒋孝琬,双手合十地央求道:

"蒋先生,请无论如何要为我保密,我会一辈子感谢您的。"

蒋孝琬听后,突然用双手捂住眼睛,又堵住耳朵,然后双手交叠捂住了嘴,最后砰砰地拍着胸脯,旁若无人地哈哈大笑起来。住持这下彻底安心了,将自己准备明早从城镇前往沙漠地区化缘,并打探情况的事情告诉了他。

"先生也觉得避人耳目对双方都有益,所以住持大可放心。那就也请您自己注意,莫要走漏风声。"

听到蒋的话,这回轮到住持用手捂住嘴巴,然后无声地干笑起来。

翌日一早,住持就和守卫以及外出采购食材的骆驼队兵卒们一道先后朝着敦煌出发了。他一路上暗中打探着情况,发现自己的事情并未败露,也无人对此表示过怀疑后,心情瞬间就好了起来。无论在城镇还是在沙漠绿洲,人们对他依旧如往常般恭敬,也没有出现任何非议。

只有一个路过的患黑热病的莎车商人,问他白人们是否还住在千佛洞附近,表示自己手里有很多上乘的腊肉,想卖给他们。

第三日,住持仿佛换了个人似的,满面春风地回来了。

在住持外出化缘的这几日里,斯坦因也将碍事的守卫和爱说长论短的骆驼队兵卒们打发到城镇上去了。趁着他们不在的这段时间,监督蒋秘书、测量师、伊卜拉希姆和齐拉四人妥善地打包好要运走的东西。

这些心腹人员都是保证不会走漏风声的伙计。而且打包这样的贵重文物要慎之又慎。这些得来不易的珍宝，运输途中每天都要在骆驼背上颠簸很久。这些古老的经书本就已经十分脆弱，更需要用心包装保护。斯坦因一刻不敢松懈地监督着他们。

打包快结束时，住持神采奕奕地出现了。趁着外出采购的那群人还没回来，斯坦因与蒋孝琬一合计，拿出几锭马蹄银，又顺利地换来了二十包宝贝。

这里有一个细节：如果要购买新箱子，恐怕不仅会遭人非议，还会引起不必要的麻烦。好在考虑周到的英国人早就提前备好了空箱。

一切就绪后，斯坦因的队伍依依不舍地告别了王道士，带着沉甸甸的战利品，朝着下一个目的地出发了。而住持也对自己的英明交易甚是满意，不过必须等他们离开了，马蹄银才真正安全，住持也才能彻底安心。

虽然很期待他们离开，住持还是一脸平静地一直把他们送到了千佛洞的南端。送别之人和被送别之人，怀着不同的心情期待着再次重逢。

前往安西探险后的第四个月，斯坦因又一次若无其事地准备好空箱，出现在久违的千佛洞。然后又为世界文化与西方国家的"学府"与"研究者"新买了二百包东西。至此，他共获得二十九箱宝物，其中古文献二十四箱，各类画作等艺术品五箱，这些可都体现着斯坦因在敦煌的辉煌战绩。

斯坦因回忆起分别时一脸平静的王道士，就如同风暴过后的沙漠般淡然。斯坦因正发愁如何将这些战利品平安运往伦敦大英博物馆,反观住持,却能满不在乎地送他出门,二人的心境竟有如此巨大的差别,真是难以想象。

蒋孝琬离开千佛洞时,在马背上转身对着住持的背影半开玩笑地甩出了一个飞吻。住持王圆箓一边目送着白人"三藏"离开,一边双手合十,在心中默默祈祷能再次见到它——他做梦都想得到的白人"三藏"那装满了大马蹄银的钱袋子。而且他早就听说,那些钱袋子就在马鞍上面。

七　法国探险队

"人老了,话就多了,一不小心就说了这么多,听着是不是很无聊啊?我们刚说到英国探险队的部分,已经说完三分之一了,怎么样,是继续听呢,还是今天就先到这里?来,先喝杯茶吧。"

从斯坦因和千佛洞的故事里脱身出来,楼兰古经的主人拍了拍手,招呼女店员把茶具拿进来,随意泡了壶粗茶。

"夏天就喝点简单的茶吧。我不喜欢咖啡和红茶,这些东西只有加了糖才能勉强入口。特别是美国佬流行的那些用吸管喝的饮料,红红绿绿的,也就适合骗骗孩子,看着都让人没胃口。哦,我还很讨厌电风扇,把好好的香味都吹散了。

"说到这个,我倒是想起了刚才说的敦煌。在千年前的长安,不少暴发户会在房间里摆上冰柱,或架起大大的羽毛扇,边扇风边吃冰镇蜜瓜,也有人会在院子的凉亭顶上浇水散热,屋檐就像下雨一样别有情趣,他们管这叫白雨亭。

"听着倒像诗里才有的场景,可惜我们这些平民老百姓是无福消受了。我们只能像现在这样,沏上一壶冷茶,在漫长的午后靠着过去的故事来消解炎热。但这样也不错,不是吗?也一样能感到丝丝凉意,我是不是太自以为是了?哈哈。不过你既然是特地来看敦煌经的,想必也能理解我这种不入现代审美的爱好吧。"

老人刚说完白雨亭的故事,屋里就突然暗了下来,豆大的雨点斜斜地撞击着玻璃窗。不过这阵雨很快就过去了。主人一脸"正合我意"地点着头。而我则仿若进入了一场千年前发生在长安的白日梦。我眼前出现了斯坦因的大篷马车,装着满满的二十九箱货物,犹如《天方夜谭》中满载而归的盗贼团一样,兴高采烈地踏上了归途。

"要按您这么说,这可就是一次世界级的大发现了。"

"岂止啊!当时的壮观程度,简直让人难以想象。据伯希和对二十四箱古书调查后发现,其中有两千卷善本,以及五千卷不同程度破损的残本,二者合计约七千卷。除此之外,还有五箱画卷,其中丝麻画、佛教刺绣共计约五百件,绘画工艺品约一百五十件。而当时王道士只用了不到十锭马蹄银就将它们全都卖了出去。这里的任何一件文物的价值都远超那区区十锭马蹄银。听到这里,我真是差点没把眼珠子吓掉了。"

"当时主要是发现了哪些东西呢？"

"太多了，涉及的领域也太广了，我这个门外汉又哪里能说得明白呢？更何况，这次的发掘不仅数量众多、种类繁多，还找到了很多珍品，虽然大部分东西都被分门别类地列出了清单，但要全部研究完，想必还需要很长的一段时间吧。

"斯坦因在完成这次探险后的第十二年还是第十三年，出版了一部《西域考古图记》（共五卷），当时发掘出来的大量文物就被罗列于书中的目录中，真是无一不让人垂涎三尺啊。其中就有写到，从千佛洞中取出的最古老的一部古汉语写经名为《胜鬘义经》，成书年份为北魏的正始元年，也就是公元504年，日本的武烈天皇时期。这远比唐经的成书年代更早，称之为'珍品'都是远远不够的。不仅如此，当时还发掘出了多件六朝至隋朝时期的文物，都是举世瞩目的珍宝啊。

"佛教正式传入日本，是在钦明天皇登基后的第十三年。千佛洞中发掘出的经卷中，就包括了写有'北周保定元年'的《大般若》，北周保定元年也就是钦明天皇二十三年；还包括写有'隋朝开皇十三年'的《大智度论》，这一年是日本推古天皇元年，同时也是厩户皇子（圣德太子）被立为太子的那一年，不久后，圣德太子于难波[1]建立了四天王寺。所以这一年对日本早期佛教而言，具有非凡的意义。反观此时的敦煌千佛洞，佛教之花已然遍开四野，呈现出了佛教大学的盛况。

"因为千佛洞中发掘出的古写经中，有许多经书都不曾在《大藏经》中出现过，即为所谓的逸经；还有许多经书虽说已收录在《大正》之中，但大部分都是只闻其名，从未有人见过实物的珍本。除此之外，也出现了不少被人误认为是'疑经''伪经'的经文。不仅佛经如此，道经，即《道藏》也是如此。

"不仅如此，千佛洞中的藏经还包括了迄今为止只在中国碑中留下过痕迹的聂斯脱利派的汉译经典，以及摩尼教、拜火教经典。此外，还有数量众多的'四书''五经'及其他各领域的古籍。唐代及唐代之前古籍的面世，肯定会导致中国历史的研究出现天翻地覆的变化。更令人惊讶的是，还发掘出了包括藏文、梵文、伊朗文、土耳其文，以及早已失传的古代西域语等诸多文献。待人们揭开它们的神秘面纱后，莫说中亚了，就连东亚的历史都可能会被大幅修订和补充。

"从这个意义上说，千佛洞石室的开放无疑称得上是文化史上的'哥白尼事件'。当然，这并非斯坦因一个人造成的影响，不久后出现的伯希和发掘品也引起了

---

[1] 日本地名，位于大阪。——编者注

极大的轰动。毕竟伯希和到达敦煌的时间……对,就是斯坦因到达时间的整整一年后。"

"方才,先生提到过当时的伯希和教授非常年轻,那他当时年纪多大呢?"

"嗯……三十岁左右吧。这么推算来,斯坦因在四十五岁左右,可以说两人都是正值壮年,而且也是最通晓人情世故的年纪,也就难怪能把敦煌的住持哄得团团转了。不过比起斯坦因,年轻的伯希和在这方面显然更胜一筹啊。

"因为斯坦因爵士丝毫不通汉语,只能完全依靠那位姓蒋的华人助手,幸运的是他还真抢到了一些宝贝。但伯希和则不同,他不仅自小在越南河内长大,是当地远东学院的新秀,而且明治三十三年(1900年)北清事变[1]期间,他正好在北京留学,与各国外交官及留学生都结下了深厚的友谊,不仅能说一口流利的中国话,还给自己起了一个中文名,可以说是地地道道的中国通了。这样的人到了人称'鬼城'的敦煌,岂能没有一番大作为呢?

"伯希和率领的法国探险队,分属国际中亚探险联盟法国分部,许多世界文明的汉学泰斗,例如塞纳、沙

---

[1] 指英、美、德、法、俄、日、意、奥八国联军的侵华战争。——编者注

畹等,都是这个组织内的成员。如此人才济济的机构,居然决定起用一个不到三十岁的毛头小伙,足可见伯希和是何等的旷世奇才。这在当时也的确引起了很大的轰动。

"对沙漠探险而言,年轻是第一要素。伯希和被委以考古学、历史和语言学方面的重任,助手瓦扬负责查看与分辨地图、天文及自然,另一位努韦托则负责摄影方面的工作,三人花了一年时间做好充足的准备后,于1906年6月中旬,也就是斯坦因离开印度后的大约两个月离开巴黎。

"他们从莫斯科出发,经奥伦堡和塔什干,抵达安集延这个铁路终点站,然后离开铁路前往奥什。一场意义巨大的旅程在此开启。他们组织了一支由七十四匹马组成的大型探险队,从久负盛名的'阿莱山谷'穿过世界屋脊帕米尔山脉的北峰,进入此行目的地——喀什。

"当时,另一队'竞争者'英国探险家取道熟悉的阿尔金山脉塔里木以南的大道进入和阗地区,伯希和知道这个消息后,决定沿天山南路的大道进入库车地区。这意味着英法两国探险队分别从南北两个方向夹击了塔克拉玛干大沙漠。

"佛教曾在西域盛极一时,但随着伊斯兰教势力的不断扩大,佛教逐渐销声匿迹,就连遗迹也几乎不曾留下。

"尽管如此,伯希和还是坚持在喀什停留了一个月,并获得了一些伊斯兰教进入前的佛教资料。他先是在图木舒克附近的一处遗址中发现了一尊小型犍陀罗风格的佛像,后来又发掘出了大量木雕件、货币、陶器、木刻及神像等,在次年的正月初才到达库车地区。

"库车古称'龟兹国'。据说是亚历山大大帝东征后,由希腊人建立起的巴克特里亚王国的后裔。著名的千佛洞就位于此处,伯希和对洞中的壁画神驰已久。

"到了当地后,伯希和才发现,除了德国探险队格伦威德尔博士一行来过这里,并做了大范围的调查研究外,日本的大谷使节团(渡边哲信等)也依据《大唐西域记》中的描述来到这里,对一些遗迹做了调查,据说收获颇丰。想必他们当时只是在千佛洞中拍摄了照片,而将大部分精力放在其他遗迹的考察上了吧,所以在这八个月内取得了如此丰硕的成果。

"有趣的是,据说日、德两国的探险队还在距此不远的一个沙漠村庄中相遇了,并且交谈甚欢。

"有传说称,库车是罗什三藏的故乡。罗什三藏为中国佛教史上声名最为显著、贡献最为卓越的译经大师之一。据说著名的《法华经》等经文就并非从梵文翻译而来,而是从龟兹语翻译而来的。后来秉承小乘有部教法的玄奘、睹货逻国[1]佛教徒们,于东方大地上广泛宣扬

---

[1] 中亚古国。也称吐火罗国、吐豁罗国。位于帕米尔高原西南,曾经是联络印度、中国、西亚、中亚诸地区的交通、贸易中心,也是文化重镇。《大唐西域记》卷一有载。——编者注

佛法，并在龟兹建立了约一百个设计精美的大型伽蓝道场，并以此为中心向东西扩张，5世纪以后，小乘有部的教义在这片土地上达到了巅峰。

"看这里的壁画就能发现，西欧风格的阴影法在此处留下了深刻的痕迹，画中女人的脸庞以及身上的服饰也是都具有浓郁的西欧色彩。且题材多为释迦前生谭[1]，这也非常符合小乘佛教的特点。"

"原来如此。听了您的说明后，我终于明白为什么从前随手翻了几页《艺术库车》中的插图，就能闻到一股浓郁的外国味道。"

"你说得对。虽然龟兹千佛洞的绘画和敦煌千佛洞的绘画，在技法上是十分相似的，但无论是取材还是整体风格都是差异明显的。当然，敦煌地区也出现了许多具有西藏或比较开放的中国内陆风格的绘画，所以仅凭这一点是不能作为比较依据的，只不过敦煌的千佛洞中画着约八十种、二百幅释迦前生谭图。

"小乘佛教的一个特点就在于释迦前生谭的繁荣，爪哇[2]的婆罗浮屠和柬埔寨的吴哥窟中也是如此。但敦煌

---

[1] 此词来自日本古典《今昔物语集》。"释迦前生谭"中的"前生谭"与"本生谭"是一个意思，指的是释迦还未成佛时的前生故事，汉语中称为"佛本生故事"，见佛教三藏十二部经典之《佛本生经》。——编者注

[2] 位于印度尼西亚。——编者注

的千佛洞中还包含了许多净土变[1]、地狱变[2],尤其是观经曼荼罗[3]等元素,足可见其深受小乘佛教教义的影响。更不用说白莲社的慧远大师也是来自敦煌了。

"慧远是隋朝的高僧,又被称为'净土宗初祖'。关于他,还有一个神奇的故事呢……传闻慧远大师在中国著名的避暑胜地庐山虎溪旁讲经时,就连四周的岩石都忍不住点头称是。这就是著名的典故'虎溪讲经'。

"不管怎么说,伯希和对于'库车千佛洞的墙上布满了7世纪或9世纪的壁画'的推论,应该还是十分正确的。

"伯希和在这里得到了以婆罗米文(中亚梵文)书写的文献,但由于腐蚀得过于严重,他甚至都不敢用手拿。伯希和就这么继续着他的探险之旅,并于当年秋天抵达迪化。为了兑换货币,他不得不在这里停留了近三个月。

"不过伯希和倒也算是因祸得福了。长期在当地生活后,他的博学多才受到了当地群众的广泛尊重,就连清朝的皇室宗亲——辅国公载澜也对他礼遇有加,时常邀请他过府小聚。载澜是光绪皇帝的堂兄,端郡王之胞

---

[1] 也称"净土变相"。西方净土是永无痛苦忧愁恐惧的极乐世界,"净土变"是以图画或雕刻的形式,直观呈现净土世界的佛、菩萨、圣众及种种楼台殿阁、水树花鸟、七宝莲池、伎乐歌舞等庄严景象。——编者注
[2] 又称地狱绘、地狱变相。为劝善惩恶而描绘的各种地狱苦状的图相。为十界图、六道图之一。——编者注
[3] "净土变"中的一种。描绘《观无量寿经》中所说的场景。——编者注

弟,端郡王当年曾大力扶持义和团,因而在日本极有名气。义和团事件后,载澜因为连坐而被流放到了这个偏远的小镇。伯希和于十二月中旬离开前,还得到了载澜赠送的临别礼物——一卷带有三界寺墨印的古写经,据说是来自敦煌的千佛洞。

"当时伯希和恭恭敬敬地接过来一看,居然是一卷8世纪前后书写的古写经!事实上,此前长将军也说过在那里找到了好些写经,只不过伯希和当时丝毫不以为意。

"辅国公说自己曾去过千佛洞两次,不过都是十年前的事情了。当时,千佛洞的住持挖出某个灵窟中的沙土后,无意中发现旁边居然是一处尘封多年的书库,里面存着数以万计的古经卷。其中的几卷被挑出来送到了兰州总督和其他各方官员的手中,不过也只是被继续束之高阁罢了。这一次兜兜转转后,落入自己手中的便是其中的一卷。其他经卷也大多与此相似。

"然而最近纷纷传言一个英国探险家去过那里,虽然具体是什么情况尚不得而知,有人说他拿走了许多旧书,也有人说并未拿走许多,但无论如何,仅凭他一人之力是不足以搬空书库的,所以想必洞中定还剩下不少。辅国公也算是这方面的大家了,便建议他立即赶过去看看情况。

"对伯希和而言,这无异于是个晴天霹雳。自己居然就来晚了这么一步!为什么会这样?这个消息对他来说不亚于五雷轰顶。可当他冷静下来后就想明白了，探险与发掘本就是变化无常的，例如德国、日本和俄国的探险队似乎早就对塔里木北部地区做过大量的研究和发掘，可是法国探险队，也就是自己本人依旧在库车获得了丰硕的成果。

"若辅国公所言非虚，那么书库的容量定然不容小觑，斯坦因自然也就不可能带走所有的经卷。更何况，不知该说是幸运还是不幸了，斯坦因似乎不通汉语。

"因为他第一次在和阗地区发掘出的每一件汉语文物，都是在同事夏凡纳博士及大英博物馆东方图书馆馆长写本部翟理斯博士的大力帮助下进行研究，再整理成文章发表的，可想而知，他当时在这个偏僻的大漠，面对那些晦涩难懂的中国文字，都该抓耳挠腮了吧。

"如此看来，那个塞满了汉语古写经的千佛洞宝库，依旧还在那里静静地等着自己吧。这么一分析，伯希和脸上又恢复了自信的笑容，都说船到桥头自然直嘛，法国人天生就是乐天派，伯希和也是如此。

"于是，文化侵略的第二批绅士匆忙结束了吐鲁番、哈密以及探险摄影的旅行，于2月底快马加鞭赶往了敦煌千佛洞。这是1808年[1]，也就是第一批文化侵略的绅士首次出现在敦煌的十一个月之后。

"出发之前，伯希和在自己的营帐中反复研究那卷

---

[1] 应为1908年，此处是作者的笔误。

盖有三界寺之印的古写经,无论是纸质、笔法、墨色还是文字表达,都已然烂熟于心。

"此时,敦煌千佛洞的住持如往常一般在沙漠中的村庄化缘。因为两个月后就是一年一度的大典了,他必须为此筹到足够的善款。另一个原因在于,不知为何,所有人都在传他的法力如今大有进益,于是法事的委托如雪花般飘来,住持也在一夜之间成了香饽饽。换句话说,王道士居然在不知不觉间就成了当地的宠儿。"

大雨过后,窗外的树叶上还残留的几颗大雨滴在阵风的催促下哗啦啦地争相落地。虽已近黄昏,天色却反而明亮爽快了几分。但屋内的客人就像没戴手表,且四周没有钟表一样,主人也沉浸在故事之中,超然于时间之外。

大概是到闭馆时间了。女服务员轻手轻脚地放下玻璃门、关上百叶窗,我这才发现自己竟然听得入迷,都忘了扇扇子,就这么拿在手中一动不曾动过。主人的眼睛依旧闪烁着异样的光芒,他的言语也依旧饱含热情,我被他的忘我所感染,丝毫不曾留意到那位女服务员安静地鞠了一躬后离开。

安静倾听的客人伴着桌上那些写在黄麻纸和楮纸上的敦煌经——主人如今俨然一副有此万事足的模样。

一阵高亢的蝉鸣声后,四周又恢复如水底般的静谧。我仿佛已经置身于千佛洞中一般,思绪越飘越远,浑然不知身在何处。

八宝山

关于自己的传言，当事者总是最后一个知道的人。尽管去年的春天，住持与斯坦因双方已是那般谨慎地保守秘密，可不知从哪里就走漏了风声，仅仅过了不到半年，斯坦因搬运古经经卷的事，敦煌附近的沙漠村庄里就已无人不晓了。

去化缘的路上，住持听到这个传言后，瞬间如履薄冰。所幸大家对他的评价都是正面的，纷纷称赞他将廉价的破烂货高价卖给了白人，可以用这笔巨款来修缮千佛洞的寺观。

不过，既然大家都已知道了，住持也不能将所有的马蹄银都侵吞下来，于是将其中一部分银子依旧悄悄地藏在地板下，其余的就拿出来用。不管怎么说，有了这些马蹄银后，他请来了木匠、小工和油漆匠，热火朝天地干了起来。如果眼前的工人看起来老实巴交，不会生事端，住持甚至还会炫耀般地提起这件事，想要寻找类似的新机会。

这种感觉让王道士很是满足。一个一直生活在穷乡僻壤的小住持，这次居然成功地周旋于一个真正的白人和一个狡猾的华人秘书之间，这种翻手为云覆手为雨的得意感，让住持觉得自己的身份也大不同于往日了。

如此一来，又侧面证明了住持平日里的法事与占卜十分灵验。于是人们纷纷认为住持乃得道之高僧，佛法无边。这一传闻在沙漠中的各个村庄城镇迅速传开,不仅住持担心的批判之声全无,还意外收获了无数赞美。

王道士名声大噪,寺观也随之香火鼎盛,财源滚滚。住持心里估算着:按这个势头,不出一年,这寺观定会焕然一新。如今的功德定会保佑他来生得到深厚的福报。因此,之后的一年,他日日翘首以盼,希望那群白人"三藏"能如分别时约定的那般,与美好的春天一起再次悄然而至。

在这样的等待中,王道士于某日被邀请到位于敦煌郊外的一户东干人的土屋中,为一位眼睛被风沙吹得几近失明的老奶奶做法事。他从千佛洞带来了圣水,法事结束后便宿于那户人的家中。

当天夜里,他在佛坛前的绒毯上做了一个神奇的梦……

随着一阵驼铃声响起,大路上走来了一个大型的商队,那浩浩荡荡的阵势,光马匹少说就有五十匹,说不定还有上百之众。领头的首领将头深深埋进厚厚的毛皮冬衣中,所以看不清长相,唯一可以看清的,就是那双颜色奇特的眼睛,看着倒与挂在祠堂走廊上的三藏法师有几分相似。头领身旁跟着的随从也穿着厚厚的冬衣,虽然看得不太真切,但总觉得那些随从或是面若猴子,或是状如野猪。总而言之,这看起来绝不是一支普通的商队。商队从住持横卧之处缓缓而过,还给了他一个意味深长的微笑,然后就径直走入了千佛洞。

住持没有见过这张脸,却又总觉得有些熟悉。也许这就是他一直期待着的白人"三藏"。住持竭力想要叫住他,却怎么也发不出声音来。挣扎之间,他醒了。

这个梦,也太不可思议了。

住持就这么一直坐到天亮,随即去了敦煌镇,听说确实有一支白人商队在三四天前去了千佛洞。

苦苦等待的贵客居然就在自己的眼皮子底下溜走了,这可怎么办?心急如焚的住持一边念着玄玄皇帝[1],一边急急忙忙地赶往莫高窟。镇上的人都说,这个商队不是上次来过的那些"三藏"。但不管如何,他们既然去了千佛洞,就足以让住持兴奋不已了,他一边匆匆赶路,一边还像个孩子一般自顾自地嘀咕着些什么。

就在王道士急急返回千佛洞的时候,法国人伯希和已经到了敦煌。

住持不在,也没有留下钥匙,更不知道什么时候才能回来——听到这里,伯希和不禁有些失望,但他很快又意识到其实这是件好事。

因为此时留守寺观的和尚,正是去年尝到了斯坦因小费甜头的那位。他将斯坦因的做法一五一十地告诉了伯希和,所以伯希和很快就拟订了自己的计划。既然此刻住持不在,伯希和就更有时间仔细监督随行人员拍照了,他还顺便绘制出一张千佛洞全貌图,并以从南往北的顺序依次对石窟进行

---

[1] 此处应为"玄元皇帝"的笔误,玄元皇帝即道家始祖老子。唐朝奉老子为始祖,唐高宗李治于乾封元年(公元666年)追封老子为"太上玄元皇帝"。

编号。

这套编号后来被称为伯希和编号，共对250个洞窟进行了编号，并沿用了很长一段时间。最近这套编号已经增至480了。

伯希和命令他的助手努韦托拿出一切可用的干板，用相机记录下所有洞窟的模样。仅此一项就需要花费几十天的时间。根据斯坦因在此地的滞留天数，伯希和对他的大致拍摄数量做了一个推算。推算结果让他十分满意，因为他知道自己这次拍摄的大量壁画照片远比斯坦因丰富，定能撼动整个学术界。这么想着，他的嘴角不觉扬起了微笑。

回到千佛洞后，住持先查看了住处和石室的钥匙，确定没有异样后，收好这次布施得到的财物，接着就立即到北面佛堂来找伯希和。

伯希和从长相上看，与白人并无相似之处，看起来是个很随意的人，甚至可以说不修边幅。头发乱糟糟的，留着野蛮的土耳其风的络腮胡，大概也是出于御寒的目的吧。见到住持后，伯希和亲切地握住住持的手，褐色的眼睛中带着友好的笑意。最令人意外的是，他一开口便是十分地道的北京话：

"其实，我已在此恭候大师多时了。请允许我做个自我介绍……"

说罢，伯希和热情地掏出一张极具中国特色的名片，上面写着"伯希和"。没有居高临下，没有胁迫之意，也没有卑躬屈膝，只有一脸等待对方接受自己的诚恳。住持接过名片看了看，当然，他看不懂上面写着什么，但上面"法国"的"法"字似乎在哪里见过，住持突然觉得，这才是真正的三藏法师。

白人"三藏"迅速做了自我介绍后，便开始道歉，说居然劳住持亲自前来，真是罪过，并表示理应由自己上门拜见才对，说罢便请住持一道出去，到帐篷里取出一包礼物送给住持。礼物包括一小包马蹄银、几样罐头食物、一卷来自喀什的绢织物。伯希和表示那包马蹄银是敬献佛祖的香火钱，那卷绢织物可用来做成一件法衣。不愧是久居北京之人，可谓礼数周全。

这份礼物让住持很是开心。

"我非常清楚自己把您带来这里的理由。就在几天前，玄奘三藏法师给我托了梦，所以我连忙从沙漠赶了回来。我这就将您带入您最期待的石室。"

如同炫耀自己的神力一般，住持从内袋掏出一把粗糙的钥匙，向站在自己身前的伯希和展示了一番后，示意他走进去。其间，他一脸骄傲地指着走廊上的《西游记》壁画，问伯希和：

"施主也是三藏法师的弟子吧？"

伯希和重重地点了点头：

"是的。不过我们称之为'东游记'，而且很可惜，我们的故事里并没有孙悟空和八戒等令人喜爱的英雄，自然也不如中国的'西游记'那般有趣。"

与英国的"三藏"不同，这位法国的"三藏"不仅能说一口流利的中文，还十分熟悉《西游记》。这让住持感到很亲切，便又带他去参观了安放着老子像的石窟，那尊老子像已经被他修复过了，还重新贴了金箔、上了色。

但见老子骑于凤凰之上，那凤凰张开双翼，大有蔽日之势，身旁仙人环绕，若众星拱月。伯希和一脸虔诚地自供桌上取下几根看着有些廉价的供香，点燃后恭恭敬敬地插了上去，动作十分熟练，无半点不妥。住持见此，更是欢喜之至。

"若要修来生，自当供奉释迦佛；可若要求今世，还是要拜玄元皇帝太上老君啊。"

住持喃喃自语道。伯希和听罢立即摆出了一副深有感慨的模样。

"据我所知,这座千佛寺此前几乎废弃,但自大师接任住持之职后,这寺观便又恢复了旧日的辉煌,大师可谓是功德无量啊。不仅如此,您还将许多无用之旧书委于英国斯坦因'三藏'保管,这也是个造福全世界研究领域的善举啊。大师的高尚与善良实在是令我佩服得五体投地。尽管我生性愚钝,但也想尽自己的微薄之力,做些力所能及之事。"

"哎呀哎呀,施主真是过奖了……事实上,去年那位英国'三藏'来到这里后,老衲也思索了很久,后来才决定,与其守着一堆谁也看不懂的古书,任其腐烂,不如把它们交给真正需要和喜好的人。得到的善款也可用于修缮寺观,真正造福信徒,岂非一举多得的美事?

"说到修缮寺观,木匠、油漆匠、泥瓦匠……可都是一笔不小的开支。单靠老衲的这口钵,那是万万支撑不起这开销的。如今眼看着这佛像、这仙人像被重塑金身,眼看着这寺观重焕光彩,老衲这内心啊,真是别提多满足了。操劳之苦又能算得了什么呢?"

"听完大师一番话,我对您是更加佩服了。大师,我愿出一笔高于斯坦因先生的布施款,皆因大师与那些心胸狭隘、见识浅薄的黑袍高僧不同,我相信以大师才高识远的心胸,千佛洞的繁荣定是指日可待了。"

听闻又能得到梦寐以求的巨款,住持毫不犹豫地拖着蹒跚的步履将伯希和领到石室的书库内。眼前的大门让伯希和顿时热血沸腾。

半圆形的挂锁很快就被打开,并从住持手中滑落下来,撞上石板后发出了"咚"的一声,听着有些阴森。甬道中悬挂着菩萨像的墙面上出现了一个昏暗的凹洞,虽看得不太真切,但应是一大沓经卷了。见此情形,伯希和压抑不住兴奋,低吼了一声。

原还担心这些古籍已被斯坦因掠夺一空。但此刻看到那些被堆成了好几排的经卷,虽然看着有些松,但至少也有一个人高了。伯希和突然紧紧地抓住了住持的手,竭力忍住想要高声欢呼的冲动。

住持的眼珠突然变得黑白分明了:

"难道他是责怪自己将那些古老的佛经都交给了第一个白人'三藏'?"

住持不禁有些担心。

伯希和下意识地用那只又黑又油的手拍了拍住持的手背,用交杂着感动、感激和欣慰的语气开口道:

"住持,太好了,您做得太好了。事实上,自从我在迪化听说大师将古经卷交给英国探险队之后,哪怕在大师云游时踏入了这座寺观，我也依旧忐忑不安，不知那些古经卷还剩多少，被带走了多少。大师有所不知啊，这三个月来，石室经卷的数量简直成了我魂牵梦萦的牵挂。

"此刻亲眼看到它们后，我终于可以松一口气了。不，准确说不只松了一口气，还有对大师的无尽感激。这里的经卷数量真是大大超过了我的想象。

"是它们给了我生命的价值。在过去的30年里，我不断忍受着来自四面八方的嘲笑，他们说我的研究早已被时代所淘汰，说我做的不过是摆弄古董的勾当。不过我的苦心孤诣总算没有白费，也没有错会上天的旨意。我，伯希和，没有生错时代。我的名字，必将长存于学术界。

"大师，布施款任您支配，如果不够，您也尽管开口，我会从回程的路费中尽可能拨出银子给您。作为回报，可否请您将这里的藏经尽数赠予我？"

因过于激动，伯希和那张满是络腮胡的脸，此刻已是一片通红。

住持不明白第二位白人"三藏"为何如此激动，对方说的话也让他感觉云里雾里的，但他知道，至少对方没有抱怨或责骂的意思。只不过，为何所有的"三藏"都想拿走全部经卷呢？银子固然是极好的东西，可要是经卷全部被拿走，只怕将来就会生出什么事端来了。

可是，为何所有的"三藏"在面对这些佶屈聱牙，就连总督和其他大官都不愿碰的古经卷时，都表现得如此急不可耐呢？这一点着实让住持感到满头雾水。

"若施主想要，老衲倒也不妨送一些给施主。但若说全部赠予，并非老衲小气，实是寺中之物皆为信徒所有，若老衲私自做主送给施主，只怕来日信徒责怪起来，老衲也是承受不起的啊，还望施主多多体谅……"

伯希和闻言，瞬间冷静了下来。

"大师所言极是，可大师日前不就将部分经卷交予英国绅士，用换来的马蹄银或修缮或重建了寺观？大师也因此让信徒们刮目相看，纷纷赞美大师乃福慧双修之高僧。

"不仅如此，单看这些古经蒙尘已久的模样，便可猜知，用不了多久，它们就会彻底变成废纸了。但若是大师肯转让于我，我定会让它们在学术界大放异彩。如此一来，大师就是学术界的恩人、寺观的恩人，当然也是我的恩人。我相信方才拜见过的您的守护神——玄奘三藏法师也定会乐意看到这一幕的，我相信佛祖也定不愿意让这些经卷成为永不见天日的死物。这些经卷，用之则为宝物，弃之则无异于糟粕啊。"

"不可,绝不可全部取走。"

住持用力地摇了摇手,脸上已是一副油盐不进的模样。

柴达木的一位蒙古王是喇嘛教的虔诚信徒,也是这里的大檀越(檀越即施主),每年都会来寺观敬香,且每次都会恭恭敬敬地跪拜夹板中收纳的十一套藏经《甘珠尔》。虽然住持并不知道那些藏经里写了什么,但至少能猜到,如果那些藏经丢了,蒙古王必会愤怒地找自己麻烦。住持不敢冒这个险,所以任由伯希和说破嘴皮,还是没有一丝松口之意。

事实上,即便他想,他也不敢这么做。若是被镇上的人发现自己把经卷全部卖了,可就不仅是辛辛苦苦建立起来的声誉和地位毁于一旦,被打成重伤或者残疾都不无可能。

住持在银子和生命安危之间,艰难地控制着自己。

伯希和一看形势不妙,立即退了一步:

"我能理解住持的想法。我方才说的'所有'也着实有些夸张了,请住持莫要放在心上。那么可否请住持允许我带走想要用于研究的部分?不过在此之前,我想先全部看看,不知住持是否方便呢?"

住持听罢瞪大了眼睛,一脸不可置信:

"莫非施主能看懂?"

伯希和苦笑道:

"嗯……我想应该能看个大概吧。"

住持手持一根红色蜡烛,带着伯希和走进了那个斯坦因不曾被允许涉足的秘密内院。伯希和拿起的第一个卷轴,便是写有北魏年号的《四分律》,这比他视若珍宝的那本辅国公所赠的《唐经》还要古老。

伯希和迅速环顾四周,眼前堆积如山的经卷让他浑身充满了力量,即便自己只是一只微不足道的螳螂,眼前的古经卷大山也值得他用尽全力攀爬。此生有幸走进这个尘封已久,却又藏着无尽宝藏的圣殿,这是何等的幸福啊!这简直就是文曲星赐福!伯希和觉得自己犹如被世界学术界选中的幸运儿一般,整个过程完美得就像个童话,而自己就是童话里的那个幸运王子。

忽然,伯希和想起今天是农历三月三日,上巳节。他可不认为这只是个巧合,今天是如此值得纪念的日子,居然和中国的一个古老节日遇上了,这一定是冥冥中的安排。

都说夜长梦多,伯希和获得住持的允许后,便立刻开始迅速翻阅起经卷来。他蹲在昏暗石室的一角,借着烛光快速阅读着这些中国的古老经卷。他用几乎"每小时一百卷"

的超今绝古的速度翻阅着卷轴，快速甄别出有趣、无趣，善本、残本，偶尔还会做做笔记，就像拥有那些日本和尚能够快速浏览《大般若经》六百卷的非凡技艺一般，伯希和简直就是一辆飞驰在学术界的高速汽车！住持一脸佩服地在旁边帮着忙。

伯希和将所有的精力都倾注于这些古经卷上，一日十小时，每天翻阅近千部古卷。

刚开始，住持还在旁协助，但他渐渐就失去了耐心，便只在早晚帮忙开门、关门，偶尔闲暇时过来看看情况。每每往里窥探，都只能看到一脸专注的伯希和借着烛光快速翻阅卷轴的场景，那些卷轴仿佛被赋予了生命，自觉地飞速流淌着，还发出"哗啦啦"的声音。

二十多天里，伯希和翻阅了大约一万五千卷中国古代文献。着实令人瞠目结舌！

起初伯希和以为这些汉文资料都是佛经，后来才发现，虽然大部分的确是佛经，但也有一些极其珍贵的摩尼教、景教、祆教经文汉译本，还有大量的道教文献、"四书五经"、诸子百家等珍本，除此之外，还有许多历史、地理、戏剧、唐代通俗小说、本草、星象、相术、占卜、算术、葬宅、解梦等方面的书籍，乃至敦煌地区的户籍票。可以说是上至天文、下至地理的百科全书式大宝藏了。

其中也不乏一些假经书以及民间迷信书籍。某本书中还出现了一条关于"孔子感叹无法梦见周公"的批注，真让人忍俊不禁。除了佛经之外,还有一些唐代的板刻本,例如《唐韵》《金刚经》《陀罗尼》等,且上面都记录着明确的年代。这比《古腾堡圣经》的印刷版还早了七个世纪。

此前,伯希和曾在北京见过宋版的《大藏经》,并觉得这一定是世界上最珍贵的宝物之一,待在石室看到这些唐版古经文后,他惊讶得说不出话来。更令人吃惊的是,这里居然还藏着精美的欧阳询和柳公权书法的唐代拓片,且墨色还十分清晰。触目所及,无论哪一样,都是珍宝中的珍宝啊。

就他现有的汉学知识以及见过的汉学资料来看,这里的东西堪称汉学之源了,其全面性远非此前所见所闻可比。伯希和的兴奋与钦佩之情与日俱增。

为了保证白天的精力充沛,伯希和总是在日落后便早早休息了。但即使他闭眼躺下,眼底浮现的也依旧是那一片卷轴之海。

虽然没有时间对经卷进行进一步研究,但伯希和在翻阅的过程中,也偶尔能看到一些不谙汉语、语言生硬,甚至不知所云的译文经卷,想来是一些初习汉文的西方传教士翻译的,也就是所谓的旧译本。由此可以推测,最初,印度佛教经西域传到中国内陆的途中,一些教义很可能遭到了西域信徒的扭曲和修改,不过同时也可能得到了某种程度的改进。

再结合千佛洞的壁画来看,这里的古经书大都是净土宗的经文,壁画也以净土变相及菩萨像为主,尤其是十八窟中都出现了观经变相,这些皆为以净土宗为信仰的佐证。但这种净土宗的教义在印度最原始的佛教中并不存在,所以正如塞纳特先生所言,这是受到了太阳崇拜的影响。不过塞纳特又太过偏激了一些,他认为佛教本身就是源于太阳崇拜。但伯希和则与艾略特爵士[1]等人的见解相同,认为西方极乐净土及无量寿佛的思想,可能是佛教传入西域后,融入了拜火教等伊朗元素,又受到《阿维斯塔》[2]等宗教文献的影响后,最终形成的大乘体系。

这种伊朗元素的中国化,在克孜尔(库车)千佛洞中并不明显,但在吐鲁番一带已经形成体系,到此处的敦煌千佛洞,则演变得更加成熟了——这一点让伯希和很感兴趣。

这是东西文明的交流在汉语之外的"蕃语"等古书中留下的明显的痕迹。而且这些"蕃语"的种类多得惊人,还包含了几种早已失传的古老语言,所以即使博学如伯希和,在这些语言面前也只能举手投降。但这反而让他更觉神秘和好奇。

除了前文中提到的《甘珠尔》的藏文版外,还有许多其他的藏文夹板,想必也有著名的那塘版和德格版吧。

据说,西藏的高僧法藏在护教王南哥巴藏卜被其弟杀害的法灭杀僧之际[3],带着手边的所有佛经骑马逃到了敦煌,所

---

[1] 英国外交官及东方学学者、佛教学家。
[2] 伊朗最古老的文献,成书于公元前10世纪以前,是拜火教最重要的经典。——编者注
[3] 此处为原书文本有误。法藏为唐代高僧,华严宗实际开创者,宗内称为三祖。护教王南哥巴藏卜为明代西藏五大地方王之一,两人不同时代。——编者注

以那些手译本及经文译本的草稿很可能就在此处。

现已发现了《楞伽经》体系罕见的法藏本。另有可视为藏语分支的西夏文。梵语可分为"雅语印度梵文"及"俗语普拉克利特语"。不仅如此,伯希和还在此处发现了由古印度佛教大师兼剧作家马鸣亲自执笔的几出戏曲剧本,马鸣是《大乘起信论》及《佛所行赞》的著者。此处的剧本中也偶然出现了混用印度梵文及普拉克利特语的情况,例如主人公使用印度梵文,仆人使用普拉克利特语,旁白则又以印度梵文书写。

在文字方面,经卷中还出现了被列入中亚梵文的婆罗米梵文。这可比迦里陀娑[1]的《萨昆塔拉公主传》要古老得多,然而其戏剧风格却又与现在并无太大差异,这一点让伯希和十分震惊。

此外,还有伊朗语系中的中古波斯语、曾作为方言使用的粟特语、于阗语,以及印欧语系中的龟兹语、睹货逻语。更令他意外的是,居然还出现了突厥语及其所属语系回鹘语,甚至还出现了蒙古语。

当然也有一些是完全失传的语言,就连伯希和也无法破译,但不管怎么说,他还是能大致判断这是什么类型的东西。伯希和不由想起那些权威专家前辈。此外,经卷中还有

---

[1] 印度古典梵语诗人、剧作家。1956年,世界和平理事会将他列为世界十大文化名人之一。——编者注

用希腊语写的《伊索寓言》及希伯来语文献等，涵盖了林林总总约二十种语言。这里真是一个名副其实的古代语言宝库啊。伯希和深感自己的年轻与无知。

不同语言的集中出现，也意味着这些文化曾在各地如百花齐放般绚烂一时，所有这些文化交流的痕迹自然也会体现在丝绸及亚麻布的织造、浸染和绘画工艺之中。

印度和西藏佛教对绘画的影响自是无须赘言，伊朗、土耳其乃至西欧的风格也是随处可见，从伊朗风格的狩猎图案、天马、忍冬、唐草纹样，到遥远的希腊风格染织，都在菩萨像及唐式供养人的服饰及周边器具上得到了很好的体现。

据说日本法隆寺及正仓院的染织品照片中，就曾出现与此处完全一致的纹样。说起来，正仓院里不就有一幅著名的树下美人图吗？用的技巧与白描简直如出一辙。便是那本被称为举世无双的佛教图书馆的正仓院"镇院之宝"《天平写经》，到了这莫高窟的藏书面前，想必也不得不俯首称臣啊。

即便拼上毕生所有的知识积累，伯希和能识得的，也不过是这巨大宝库中的九牛一毛而已。此刻的伯希和恍如一个纯粹而虔诚的学生，毕恭毕敬地探索着这个知识宝库。他对着助手瓦扬、努韦托，以及住持王道士重重地点了点头，脸上带着无法掩饰的感动和兴奋。

住持王道士看到这一幕，不明白白人"三藏"表情为什么如此凝重，不禁开始担心：莫非是哪里惹得这位财神爷不快了？那么自己日思夜想的布施款岂不要竹篮打水一场空？不安的住持思索着，决定折返回来确认情况。

经过三个星期的忘我投入，伯希和终于看完了约一万五千卷经文，即便他身体强健，现在也感到视力模糊、体力不支了。在庆祝自己即将成为世纪英雄之前，他在这个尘封的石室里，在古老的经文之间躺了下来，闭上眼睛休息了一会儿。此刻的他，安静得就如一具木乃伊。

恰好此时住持打开了门，看到躺着的伯希和，惊得大喊出声："施主，您是生病了吗？这两天我一直觉得您脸色有些苍白……"

伯希和依旧躺着，只是轻轻地挥了挥手。微弱的烛光不停地闪烁着："烦请住持帮我整理整理，我想稍微休息一下。"

"那自然好。外头可是下了大雪啊，施主就这么躺着，可是会着凉的啊！"

伯希和闻言，猛地站起身，看了看外面的四方形入口。看上去有些干燥的雪花无声无息地飘落下来，如同巨大的帘幕从天而降。住持的僧帽上、肩上都落满了积雪。伯希和突然愣住了，他想起曾经读过一则沙漠之城被黄沙掩埋的故事——

某天，一位得道高僧来到一座沙漠之城弘扬佛法，可是那些被奢侈、傲慢与悖德所吞噬的居民，对高僧的到来视若无睹，根本没有人愿意听高僧传道。高僧见此忧心不已——这些命运未卜之人，居然还如此蔑视佛祖，真是哀其不幸怒其愚昧啊。话虽如此，善良的高僧还是想尽自己的所能为可怜的居民们祈福，便走入一座佛塔，摒弃一切杂念，一心拜佛诵经，进入三昧。

过了一段时间，高僧从三昧之境醒来，结束了祈福。他推门，门却莫名其妙地卡住了，如同被什么重物在门外挡着一般，任他怎么用力也动弹不了分毫。于是高僧登上宝塔的二层，不承想二层的门也一样被卡住了。高僧只好继续上行。

就这么一层一层地不断向上爬，高僧终于来到了宝塔的顶层。推开门一看，眼前的景象让他瞠目结舌——进塔前还是车水马龙、人声鼎沸、闾阎扑地的那座大城镇，竟在一夜间被漫天的黄沙掩埋，成了一片一望无际的沙漠，只留下了眼前这一人一塔。

伯希和很庆幸，此处屋外悄然落下的是雪而非沙子。但他同时又觉得，若能与这些古籍一起被埋葬，成为一具沉睡千年的木乃伊，似乎倒也不错。

九 北京的波折

"哦,一不注意天都黑了呀。虽说夏日的白昼十分漫长,但说了这么久的话,再怎么坚强的日头也该下山了。要不,吃个八百善[1]的便当,再继续吧?怎么也得让我把这个故事说完。这故事说一半就终止,会浑身难受。哈哈,我又找了一个牵强的理由是吧?这就是大家都不喜欢听老人唠叨的原因了。

"你能往左边挪一点吗?嗯?只要一点就行,对,这就够了。正好前阵子我的一个弟子从巴黎逃回来,顺便给我捎了一瓶窖藏29年的白葡萄酒,据说是产自滴金酒庄的。就当是听我讲故事的酬劳吧,你就边喝边听我讲述长安的故事吧。正好也有杯子,还是老年间的东西呢!我也喝个一两杯吧。"

主人打开身后的玻璃窗,朝着正房方向摇响了一个古香古色的铃铛。台风的余波已经平息,清脆的铃声夹杂着微弱的虫鸣声在如水般清澈的庭院中响起,让人觉得心旷神怡。

女仆拿来了两条冷毛巾。主人命令她准备晚餐,然后递

---

[1] 一家位于名古屋的百年老店。

给我一条毛巾，自己也拿起一条擦了擦脸和手，然后继续讲伯希和的故事。

"结束了三周的学究生活后，伯希和成了一位外交官。虽然眼前这个见过一次世面的住持着实是块难啃的骨头，但毕竟这家伙已经尝过马蹄银的美味了，自然也就不像面对斯坦因时那般坚决，所以伯希和还是相对轻松了一些。

"不过也有例外，比如他十分想要的那一套《甘珠尔》，和尚就捂得紧紧的，说什么都不愿意撒手。但他已经得到了大部分渴望的文献，虽然不知道究竟是多少，但比斯坦因翻个倍的可能性还是极大的，所以二人的交涉总体而言还算十分顺利。

"虽然花了两倍的价格，但这里的书卷，随便哪一卷的价值都远远超出这些马蹄银。住持也很欢喜，觉得自己运气真好，居然遇到了个冤大头。殊不知到底谁才是真正的冤大头。都说'人为财死'，金钱的魔力本就让人无力抗拒，更何况他遇到的还是个出了名的中国通，被人连哄带骗地说两句好话，可不就卸下了大部分防备？

"伯希和的行径实属狡猾，也采用了一些不道德的手段，但若说他就是纯粹的侵略者或掠夺者，似乎又觉得他有些可怜。

"不过既然都是掠夺，我倒是真希望这些文献的去处，不是与东方文化毫不相干的洋鬼子那里，而是能来到日本这个无论地域还是文化都与中国有着密切联系的国家，毕竟日本自古以来就被称为最适合大乘学说发展的日不落帝国。

"然而，当时的日本十分崇洋媚外，那些文献之所以会引起很大的骚动，正是因为去的是伦敦和巴黎。若是来的是日本，可能就激不起任何水花了，而且也不会被人们所珍惜。想想还真是可耻，当时的日本居然是如此无知的国家。"

"那伯希和一共拿了多少部文献回去？"

"嗯……约莫有四千五百部吧。除了文献外，据说还有不少绘画和染织。而且，与在未知情况下就给了布施款的斯坦因不同，伯希和在给钱之前可是真真切切地见到了那堆文献。所以还得说伯希和厉害啊。据说带走的文献以维文和婆罗米文为主，还有一些汉文、藏文等文字写成的文献。

"更神奇的是，在这个密室以北另外还有两个洞穴，伯希和又发现其中一个洞穴里出现了13世纪、14世纪的藏式壁画，继续搜索时，又发现了许多汉文、蒙古文、藏文、梵文和西夏文的古经卷。他在这个鸣沙石室中发现的宝藏数量逐渐增加，也许其后还找到了更多的东西。伯希和的生日是五月，所以这个即将来到的'世纪英雄'的称号，对他而言简直就是最宝贵的三十岁生日礼物，可想而知，他该有多高兴啊。"

从古香古色的杯托上举起酒杯，我们主客二人碰了碰杯后，各自抿了一口冰凉的白葡萄酒。

"这么说，石窟中还剩下了将近一万部文献，那它们后来都去哪儿了？"

"那些文献啊……说他们是中国式做法好呢？还是该说他们愚蠢好呢？那就听我继续往下说吧。

"伯希和收拾好古文献和自己的行李，参观了五月的民俗活动后，又花了点时间调查、拍摄了千佛洞中的壁画和佛像，认真做了笔记。这样详细探索了三个月后，他终于离开了敦煌。那一天，是五月三十日。

"随后，他又在邠州[1]大贤寺一带拍摄了大石佛的照片，在西安收购了几百件各个时期的青铜器、陶器和象牙制品，再一次充实了自己的背囊。

"十月初，伯希和踏上了前往河南郑州的旅途，接着生平第一次坐着火车，如得胜的将军一般，意气风发地朝着自己最喜爱的城市——北京出发。他把那些贵重的文物都放进了安全区内的大使馆。不难想象他当时的

---

[1] 邠州，今陕西彬州市周边。——编者注

内心有多么喜悦。

"而立之年的伯希和依旧是一个心气高傲的年轻人。去北京的路上,他就迫不及待地对一些战利品进行了研究,恨不得马上把这些珍贵的文献公布出去。因此,一到北京,他就借助广泛的人脉关系得到了法国公使的同意,计划在大使馆附近的六国饭店举办一个发布会,一方面分享自己的探险经历,一方面也打算展出部分文物。

"与得到文物后生怕被人惦记所以想方设法隐藏起来的斯坦因不同,伯希和的骨子里流淌着法国人的张扬。事实上,在离开敦煌前,住持王道士也曾像要求斯坦因那样,让伯希和千万在中国内地保密此事,但伯希和并没有这么做。大使馆自然也很高兴,因为这将成为宣扬国威、宣传文化的大好时机。消息很快就被送到了各家报社和通讯社,各国外交官与中国学术界的新老朋友们也都纷纷收到了邀请函。秋末的北京即将迎来寒冬。

"由于消息和预告实在令人震惊,许多人都半信半疑,认为这大抵又是常见的宣传噱头罢了。那些精心打扮的外交官夫人、名媛来到会场时,一下子就被精美绝伦的西域画和纺织品给迷住了。但要说真正吃惊的,还是那些气度不凡的北京老学者。

"中国古代的朝代更迭实属频繁,每每改朝易代,文化形式也会出现很大的改变。现存最古老的印刷版均为宋代书卷，迄今未曾发现唐代的印刷版，就连手抄本都未曾出现过。因此，因很早被送至日本而完整地保存下来的《唐经》，许多无知的学者直接就将它们断定为赝品。

"接着说六国饭店的情景。饭店大厅里摆满了古老的手写经和印刷经文，六朝、隋唐的卷轴散发出迷人的古墨香，千年之梦再现于此，对于懂行的人来说，就连看一眼都觉得是奢侈至极啊。

"许多佛典看起来就是翻译原稿，价值连城。其中还有几卷佚经，也就是那些只听过名字，却从未有人真正见过实物的典籍。

"例如，现行的《古文尚书》乃唐代卫包的改写版，也被称为《孔传尚书》，但此刻眼前展出的若是隶古定[1]文的真本，那么，眼下展出的绝大部分典籍说不定就是现在学术界研究的各种典籍的先祖了。退一步说，眼下展出的这些典籍，至少也是基本保留了原始形态的权威典籍。想到这些，在场的所有人就像被子弹打中的鸽子一般，呆呆地听着那位红头发的年轻人伯希和先生的演讲，犹如失去了灵魂般全部沉默着，甚至忘记了鼓掌。

"那是发生在清朝末年的事情，想必当时北京那些

---

[1] 用隶书的笔法来书写古文字的字形，并将之确定下来，这种文字称为隶古定。——编者注

仍留着辫子头的学者们更是被惊得说不出话。台上的伯希和也一定十分得意。

"相反,也有两三位极有民族气节的晚清老学者,因自己国家的无价之宝被一件一件掠走而感到无比痛心。例如清政府被推翻时流亡到日本的罗振玉和端方等几位老先生。"

"就是大正初期来到京都的……"

"对。就是他们。可以说,日本敦煌学的发展离不开罗振玉的帮助。当时罗振玉正盯着一本六朝黄麻纸手写经书,端方用兴奋又愤怒的声音说:'罗先生,人活久了果真是会遇见很多事啊。'

"'是啊,端先生。伯希和先生看起来如此年轻,竟然做出了如此大的事情。毫无疑问,我们的古文物界肯定会因此发生天翻地覆的变化。这里展出的任何一件文物,都远远超出了你我的所见所识啊。'

"'但是先生,不管怎么说,这都是国耻啊!我国的珍宝就这么任白面红毛的洋鬼子肆意掠去,难道先生不觉得这是奇耻大辱吗?'

"被端方这么一问,罗振玉的脸上也有些挂不住了,于是辩解道:'确如先生所言,此乃国耻。但我觉得学问不分国境,这些珍贵文物一经发现,无论被存放在哪里,那都是天下之幸,总有一日定会大放光彩。'

"'先生之才德,当得起'国士'二字,如今就连先生也说出如此毫无责任的话,也难怪我国会陷入如斯境地啊!学问确实无国境,但学者难道也无国境之分?国宝被夺却视若无睹,难道不是吾等之耻,吾等之责吗?'

"'那先生觉得我们应当怎么做?'

"'自然是去直接找伯希和先生谈判啊!即便无法尽数赎回,但至少也要尽我们所能拿回一部分。'

"罗振玉一边抚着那一撮楔形胡子,脸上的笑容中带着一丝得意:'端先生既然有如此大的救国热情,那便试试看吧?'

"但这又岂是易事呢?端方刚一开口,伯希和便以他特有的法式礼仪与狡猾委婉地拒绝了他:'先生,小生并没有将所有的经卷带走,鸣沙石室里如今还保留着小生带走之数的两倍有余。如先生所知,自玄奘三藏时代起,便都是以马来驮运经卷了。'

"伯希和耸了耸肩,似要安慰眼前这位忧国忧民的老先生般轻轻地挥了挥手。不过看在老先生如此热情的分上,他答应将几本经卷的影印件赠予老先生,毕竟学问是不分国境的。虽说这就像'以珍珠换回了鱼目',但也是聊胜于无了。

"伯希和又继续在天津和南京举办了展览,引起了极大的轰动。随后,他的行李交给努韦托等人送回巴黎,自己则在东京待了一段时间后又回到北京,为法国国家图书馆购买了三万册汉语书籍后,于次年的秋天衣锦还乡,返回巴黎。

"回国后,为法国做出巨大贡献的伯希和,一跃成了国民心中的大英雄。可是那群中国老学者们却是日夜愤怨。若说不知道也就罢了,但现在,那些国宝就在他们眼前被洋鬼子一次又一次地掠走。简直就是奇耻大辱。

"伯希和的发现和演讲,很快就通过电波从北京传送到了欧洲。不久后,斯坦因的大马车顺利抵达大英博物馆的消息就被迅速传开了,这在全世界都引发了剧烈的反响。时驻比利时大使李盛铎[1]听到这个消息后,频繁向中央政府进言。欧洲的轰动很快又传回了国内。那些老学者们更是因此感到坐立难安。

"中国的高官鸿儒们难得同仇敌忾了一回,他们联手逼迫政府必须采取行动,懈怠的政府终于被撼动,并命令时任兰州总督的菘氏将敦煌石室中剩余的所有文献立即送往北京,如此一来,住持就可能因私自贩卖国宝罪而被问斩。于是,一场绝世好戏拉开了帷幕。

"再看看这一切的'始作俑者'——敦煌千佛洞。身处偏远地带的住持并不知道自己的举动在世界上引起了多大的轰动,也不可能知道中央政府此刻是何等震怒。下一年的初春三月,他又开始期待第三位'三藏'

---

[1] 清末高官,藏书家,目录学家,有精深的古籍鉴赏功底。——编者注

的出现了。

"第一位'三藏'来自英国,三月来五月归;第二位'三藏'来自法国,来回的时间与第一位大致相同。法国'三藏'十分大方,用许多马蹄银换走了那些破破烂烂的佛经,还在这里拍了很多照片,然后就笑嘻嘻地回去了。住持觉得这种废纸简直就是会下金蛋的鸟儿,所以等第三个'三藏'出现时,他准备把价格提高一倍,然后让他带走剩下经卷的一半。

"两个'三藏'的到来,让他藏在地板下的银钱袋日益丰腴,寺观的修缮工作也十分顺利。信徒们看着寺观逐渐恢复往日的光彩,对住持也就愈加佩服了,所以每到重大节日,信徒们都会捐出大量银钱,在住持看来,这些人就如同那些白人'三藏'一般。

"人家都说有一就有再,可偏偏这一年就毫无动静。眼看着过了三月,又过了五月,住持翘首以盼的'三藏'依旧不见人影。就算偶尔去镇上和沙漠的村里化缘,也时刻担心自己错过机遇。

"他生怕第三位白人'三藏'会在自己外出时到访,所以每次出门化缘,他都会尽快返回,但看到的无一例外都只有微笑着挥挥手的守门和尚。终于,住持也彻底不抱希望了,开始深入沙漠化缘。转眼间,敦煌的特产——葡萄和西瓜已经上市。而住持则总是望眼欲穿地站在千佛洞的石阶上,茫然地看着敦煌的街道。

"突然有一天,一支约十人组成的队伍朝着住持缓缓走来,领头的是一个骑马之人,后面跟着好几辆马车。就在住持准备走下石阶,迎接期待已久的朝拜者时,忽然发现,那不是如洪水猛兽般的本国士兵吗?

"住持皱起眉头,心中涌现出不祥的预感。领头之人身穿官服,奉兰州总督之命而来,住持一看就知事态不妙。这名官员不仅将洞中剩下的所有文献尽数带走,还命人绑了住持,因为私自售卖国宝给外国人乃是无可饶恕的重罪。住持自然是被吓破了胆。

"既是官府下令,此刻又被青龙刀扼住脖颈,住持当然不敢有任何反抗,只能马上举起手来。不过他也并未完全绝望,因为当时的中国社会'通融'之风盛行。所谓'通融'便是袖下的金银之物。

"住持心里很明白,若就此认命,自己就会被押往北京,等待自己的就是被青龙刀斩首的命运了。'留得青山在,不怕没柴烧'的道理住持自然明白,所以他决定无论如何也要先保住性命再说。他好话说尽,又给官员送了大量的马蹄银。士兵们的态度也因此柔和了许多。除此之外,住持也给敦煌当地的知县和将军送去了银子和古写经,自然也不会少了兰州总督和主管官员的那一份。

"在这之前,这些古老的佛经就像不值一文的废纸般被人遗弃在此,可如今中央政府既已为它们冠上了'国宝'之名,那身价自然也就水涨船高,无人不爱了。不过这些文献的'珍贵',并不是在于它们本身的价值,而在于它们如今的'身价'。在长达两千里的旅程中,约有一万卷古写经在官兵们宽大的上衣中进进出出,或是被堂而皇之地送给某些高官,或是如破旧的米袋般流落各处,真正到达北京京师图书馆的经文,不过六千卷而已。

"与此同时,一场'偷梁换柱'的好戏也开幕了。本应被随着这些经卷一同押解入京的国贼王圆箓,在自己的'通融运作'之下,成功捡回了一条性命。一位不知名的死刑犯被押送至京城替他赴死,做了青龙刀下的亡魂不说,首级还被长期挂在狱门之上。

"从上衣中滑落的经文,和在途中不慎掉落的经文,一部分到了中国高官和一些收藏家学者的手中,不过绝大部分还是经古董商之手被运往了大洋彼岸的日本。此刻你能看到的这些,皆为当时'不慎掉落'的经卷,可见这个数量也是不容小觑的。中国虽说是大国,但种种做法却是让人一言难尽啊。

"再说住持,不仅好不容易攒下的马蹄银全丢了,就连石室里的那些会下金蛋的经卷也基本都被人拿走了,不过好在自己的这条命算是暂时保住了。想到这里,王道士有些后怕地摸了摸自己的脖子,觉得既苦涩又彷徨,心情久久无法平复。

"其实,在当时那个千钧一发的时刻,住持还是壮着胆子干了一件大事。就在那群官兵到来的那天夜里,他想方设法先稳住了他们,然后趁着夜色,迅速将部分古写经搬到了另一处洞窟藏了起来,不得不说,也是个很能挣扎的人了。到了这个节骨眼上,他还在期待着不知何时才会来的'三藏'。

"住持也很纳闷,那些一直都被上至总督下至平民百姓的所有人遗弃和忽视的破烂废纸,怎么突然就成了国宝呢?而且,如果这些废纸这么重要,就应该一经发现就被带到稳妥的地方保存啊。可是当时谁也不曾交代他要好好保管。

"这都放了近十年了,自己这才确定那些都是无用之物。谁知前脚刚卖给欣赏它们的红毛鸭们,价格刚有上涨的趋势,他们后脚就突然咆哮着那是'国宝',是'文化遗产',并毫不留情地带走了它们。

"于是,那些官员们争先恐后地来找他,不停地问还有吗、还有多少,不停地催促自己赶快拿出来。自己就像被狐狸掐住了脖子,却完全不明白究竟发生了什么。

"若只是这样倒也罢了。可是从迄今为止的信息来看,似乎是因为自己把那些废纸卖给了外国'三藏',才让那些经卷的价值得以重见天日。那么简单来说就是,发现它们、保管它们、发掘它们价值的,其实都是他自己。

"就像自己辛辛苦苦生了孩子、养大了孩子,又把孩子培养成才一样,谁知到头来竟落得个罪人、'国贼'的名声,差点还因此丢了项上人头。

"虽然每次来的人都说想要买走所有经卷,但他还是一次又一次地拒绝,并至少留下了一半经卷。因为看到前一半的价格后,就可以用更高的价格来出售另一半经卷了。

"然后,就有那种一文钱不花,只拿着青龙刀来强抢之人,该遭到佛祖惩罚的难道不是这些人吗?为什么差点遭到惩罚的,居然是自己这个'恩人'呢?这真是让人难以理解。

"不理解的事还不止这些。那两位千里迢迢来取经的白人'三藏'都十分感激自己将古写经交给他们,并不断地道谢,说自己不仅是他们的恩人,更是世界学术界的大恩人,还说自己为中国的学术界做了极大的贡献,并引用玄奘三藏前往印度求取真经的典故,告诉自己一切妨碍他人取经的行为都是罪孽深重的,是会因此而堕入地狱的行为。但若是将经书交给他们,百年之后就会前往极乐净土,下辈子也将托生成为富贵之人。不仅如此,自己还用那些马蹄银修缮了寺观,这不也是一件功德无量的事情吗?自己也应该得到好报才是啊。这么一个积德行善的人,却被冠上了'国贼'的污名,这实在是让人无法接受。

"以住持的见识和智力,自然想不明白这个道理。被人当成'国贼'来看,这很让他难以理解,也让他很沮丧,每天都觉得如鲠在喉。不过几天后他就放下了,他把这件事视为一场噩梦,现在梦醒了,那就继续去化缘吧。谁知信徒们的态度竟与从前截然不同,一个个都对他的到来视若无睹。

"即使偶尔也能接到一些法事的委托,也不如从前那么顺利了。总之,住持觉得自己的运气一落千丈,而且私藏的马蹄银又被全部拿走换了性命,自己如今已是身无分文,原定的寺观牌匾修缮计划也只能无限期搁置了。真是屋漏偏逢连夜雨啊,王道士完全不理解自己怎么会落到如此境地。

"他偶尔也会想起斯坦因的话。如果自己当时接受对方的提议,以四十锭或五十锭马蹄银的价格尽数售出所有经卷(想必当时就算自己开价五十锭马蹄银,对方也会心甘情愿掏钱的),然后回到自己的家乡山西省买几亩田,做个富贵闲人那该多好。但他依旧日日看着墙上心爱的《西游记》壁画,继续期待下一个前来取经的'三藏'买走他好不容易才留下来的古写经。

"除了他费尽心思藏起来的那些经卷外,他还对其他灵岩石室也仔细搜索了一番,希望再找出些类似的宝贝。虽说运往北京的五六千卷经书与伯希和拿走的那些相比只是小巫见大巫,但即便如此也是个不小的数目了,所以也一度被视为珍宝。不过据说,它们很快又在辛亥革命和清朝覆灭的战火中失去了踪迹。

"令人震惊的是,偷走那些经卷的罪魁祸首不是别人,正是当年披着国士外衣、满口仁义道德地要求中央派人拿回所有敦煌藏经并掀起了一波狂风巨浪的李盛铎和刘延琛[1]。

"当时清政府就是如此纲纪废弛、道德沦丧,辛亥革命的爆发是有其必然性的,但那么多的经卷被盗,想想简直如同天方夜谭般不可思议。

"以上就是我曾听说过的'伯希和取经记'了,但你不觉得这个故事太有意思了吗?有意思得让人很难相信这没有经过后人改编。所以在看这场戏剧时,还是别太当真的好。之所以这么说,是因为无论是伯希和还是斯坦因爵士,除了那六卷照片集之外,皆不曾发表过任何有关敦煌的游记或报告,即使那是他们一生中最引以为豪的故事之一。既然如此,就不能排除后人杜撰的可能。

"稍加思考便知道,即便当时伯希和还只是个三十岁的年轻人,但毕竟是法国探险队的首领,可见他也一定是个稳重、谨慎之人,无论他对自己的成果有多么满意,都不会愚蠢到大张旗鼓地在北京城内炫耀自己的战利品。这就好比跑到别人家的池塘里钓鱼,还一脸得意地说:'看我钓的鲤鱼是不是很大啊?'这么做何异于把自己架在火上烤?

---

[1] 1910年,清政府决定将被洗劫后剩余的敦煌遗经全部运往北京,新疆巡抚何彦升之子何震彝负责押解。抵达北京后,何震彝将装载经卷的大车接至自己家里,请其岳父李盛铎及藏书鉴赏家刘延琛、方宗谦等先行挑选,将经卷中的上品精好者悉数窃出,然后将较长的卷子一裁为二或三以充其数。20世纪30年代,被窃取的经卷经李盛锋子女出售给日本东方学专家羽田亨,这些珍本从此漂流海外。——编者注

"这种乱世中,一切都没有安全重要,在猎物被顺利运到本国的安全区之前,最重要的就是三缄其口,不让任何人发现自己的秘密,这才是探险家的正常心态。伯希和是何等人物,岂会如此目光短浅、爱慕虚荣。再者说,这种行为不仅是对千佛洞住持王道士的不义,也有悖个人的信仰与道德。

"事实上,伯希和于当年十月抵达北京后,在那里休息了大约两个月才返回河内。翌年五月,他受远东学院之托,为购买三万册汉文典籍而再次来到了北京。当时,他的行李已经顺利抵达巴黎,那颗悬着的心也终于稳稳地落下了。他这才敢带了几十个卷轴作为展览品,并在大饭店设宴邀请了十几位学术界的大师,请他们一同观赏这些经卷。

"当然,这个消息很快就不胫而走了,所以从某种意义上来说,这个时期的伯希和还是处于被动状态的。

"也就是说,石室内的秘密大白于天下的时间,大约是在1909年,即明治四十二年的九月,这一年同时也是清宣统元年,政局动荡不安,清政府也已是苟延残喘。伯希和从敦煌石室中得到了一万多卷文献,而运往北京的却连一半都不到,这个消息令全社会哗然。

"我也在一本书上见过一种说法:舆论中心人物王道士被押往刑场后,竟如露珠一般原地消失了。这个说法就多少有些离谱了。如果伯希和没有在北京公开展览那些经卷,人们自然也就不会觉得王道士罪无可赦了,更不至于非要拿出青龙刀来斩了他的脑袋。或许那些官兵们前去抓捕时,这个住持正在沙漠中四处化缘,也就幸运地逃脱了。

"更何况,不久后辛亥革命就爆发了,包括总督在内的所有官吏都因此而自顾不暇。所以住持很有可能就幸运地逃过了一劫。当然,如此一来故事就变得索然无味了,不过,'事实比小说更稀奇'的情况可并不多见。

"好了,无意义的论证就到此为止吧,接下来就该说到最后一支队伍,日本探险队出现的故事了,那就且听明晚继续分解如何?还是你希望现在就听完这个故事,顺便把剩下的一点白葡萄酒喝完呢?嗯?你想继续听完?那我自然乐意之至啊。难得一个年轻人愿意听我说这些陈年旧事啊。

"怕我太累?请不用担心。有朋自远方来,还是一个很棒的听众,还有什么比这更开心的呢?我觉得自己有点病态,或者说是疯狂吧,就像酒精中毒了一样,每次一说到这个话题,就感觉自己像打了鸡血一样亢奋。不过我说我的,你不用在意,只管自在就好。

"让我给你再倒杯酒,说说日本探险队吧。当时,探险家立花[1]还只是个二十岁左右的少年,算是本愿寺的

---

[1] 松冈让虚构了"立花"这个假想人物,隐去了真实的文化盗贼橘瑞超的名字,以承载作者自己对敦煌"虔诚"的梦想。橘瑞超是第二批西域探险队的领队之一,任职领队时,时年18岁。——编者注

一位'稚僧'吧,是不是很惊讶?他可以算是新兴日本的一个象征了。你知道是谁派他去探险的吗?就是那位人称'怪物法主'的大谷光瑞[1]。

"他当时长期住在伦敦,是宗教界有着远大抱负的人。他的欧洲中亚探索联盟工作,除了地理研究之外也涉及考古,其中百分之九十以上都是佛教相关的研究。一直以来,对于人们只是从文化史角度,将起源、发展于印度的佛教视为一种古老的宗教,却忽略了佛教作为至高无上的信仰之泉,也能给如今的社会带来无限福音这一点,感到十分不满。他认为,印度、中亚、中国这片广阔的佛光普照之地,岂能任由西方人随意践踏?无论是从地理、语言还是文化角度而言,最合适的人选,理当是佛教徒。于是明治三十五年,也就是公元1902年,他派遣立花从俄国的列宁格勒[2]进入中亚,立花本人负责印度的佛迹探访,而他的另外两个弟子则被安排了中亚探险发掘的工作。

"这一年的前一年,斯坦因探险和阗地区,取得了

---

[1] 日本西本愿寺的第22代法主,探险家。利用其在佛教的地位和影响,积极支持军部的活动,力主对华采取强硬措施。三次派遣"探险队",名为探险,实为掠夺,遍访敦煌、吐鲁番、楼兰、西藏等地区,通过乱挖、乱掘和切割等破坏手段,盗窃中国文物,使大批古墓、古遗址遭受严重破坏。——编者注

[2] 即圣彼得堡,也称彼得格勒。1924年曾更名为列宁格勒,1991年恢复原名圣彼得堡。本书首版时间为1943年,因此讲故事的老者称其为"列宁格勒"符合历史事实,翻译中予以保留。——编者注

傲人成绩;这一年,德国探险家格伦威德尔也向西域出发了。

"在第二次探险中,少年立花与另一个人一同经北京前往蒙古国,到迪化后分开,他前往塔里木盆地南侧,翻越绵延六千多米的哈拉和林山脉,最终进入印度克什米尔地区,与法主队伍会合后一同前往伦敦。这一年是明治四十一年(1908年),也就是伯希和到达千佛洞的那一年。那时的立花还是个18岁的少年,这大概也刷新了世界探险史的最年轻纪录。

> 晋宋齐梁唐代间,
> 高僧求法离长安。
> 去人成百归无十,
> 后者安知前者难。
> 路远碧天唯冷结,
> 沙河遮日力疲殚。
> 后贤如未谙斯旨,
> 往往将经容易看。

"就像这首唐诗所写,探险是一件极其危险的事情,一不小心就会搭上性命。这和西方人以运动为宗旨的体力型探险截然不同,他们是带着信仰之心前往的。因此,这个年轻僧人的出现,让世界重新认识了新时代下的日本人。这让我想起一首唐诗:

十万里程多少碛,

沙中弹舌授降龙。

五天到日应头白,

月落长安半夜钟。

"'沙中弹舌授降龙'说的是玄奘三藏在白龙堆沙漠中念《般若心经》以授流沙之龙的故事。整首诗写的是在历经千难万险,穿越罗布泊沙漠和塔克拉玛干沙漠前往天竺的漫漫长路中,青丝也终被熬成了白发。不过事实上,也不是每日都在沙漠和高山中行走的。"

主人轻轻吟唱着这首唐诗,复又深有感慨地重复着最后一句"月落长安半夜钟"。余韵渐消之际,我仿佛听到了远处传来的钟声,就连主人所说的那种尘世浊气都淡了许多,身体也变得清明了。

十 大谷使节团

立花在出发探险之前，分别在伦敦和斯德哥尔摩两地得到了斯坦因和斯文·赫定的鼓励和建议，然后动身前往俄国首都列宁格勒，在那里与他的男仆——少年霍布斯会合，一同踏上了征途。

霍布斯是一个英国男孩，比立花小一岁。到了列宁格勒后，他又雇了一个比自己小两岁的俄国少年做翻译。三个大男孩背着巨大的行李袋，乘火车坐轮船，从鄂木斯克一路辗转来到塞米巴拉金斯克，穿越中俄边境进入塔尔巴哈台。他们的目的地是新疆省城迪化。所到之处总引来居民的议论纷纷，大家的目光中都充满了惊奇和探究，不过这倒也并不奇怪。

立花从迪化出发，穿越天山山脉后进入吐鲁番，这个高昌古国的古都遗址是他的第一个探险目标。玄奘三藏前往印度求经的途中，曾获国王麴文泰的诸多庇护，尽管此地早已被其他探险队发掘多次，但立花怎会允许自己对此地视而不见？

立花在这里将行李一分为二，把大的那一份给了霍布斯，让他从天山南麓向西一直走到库车，并在那里等待；立花自己则带着11头骆驼，装上2500磅的冰块和800磅的面包，进入罗布泊沙漠,开始搜索楼兰旧址。

虽说距离他们在伦敦签订主仆协议仅过了六个月的时间,但两个大男孩已经成了亲密无间的好伙伴。一想到要和立花分开,霍布斯就泪流不止。立花安慰他,说他即将成为一个肩负主人重托的优秀的盎格鲁-撒克逊少年,只要他顺利履行职责,就可以在目的地等待胜利归来的主人,还能从主人口中听到精彩的探险故事。

霍布斯将自己深深埋进土耳其式[1]防寒服,在当地向导——一名年轻壮汉的护送下,骑着不太习惯的马匹,带着许多行李在暴风雪中一步三回头地向西而去。目送霍布斯离开后,立花也在一个吉尔吉斯斯坦人、一个汉族人、五个当地人的陪同下,沿着哈密大道艰难抵达鲁克沁,第一次探险中,立花成了土耳其王府的一位不速之客。

在沙漠的村落中,立花品尝到了美味的羊肉饭。为了感谢热情好客的主人,他将一匹爱马作为礼物送给了主人,主人也随即奉上一篮子当地的特产——作为清王室贡品的一种无籽葡萄——作为回礼。于是,立花探险队直接走上大路,在指南针的指引下驾着大篷马车挺进沙漠。

在第一次探险中,立花成功地从南部经过罗布泊湖畔,

---

[1] 库车古称龟兹,隋唐时曾经附属于突厥,而土耳其人自认为突厥后裔,因此作者认为古代龟兹人与土耳其同出一源,所以将库车当地居民称"土耳其人",其服装称为"土耳其式",语言称为"土耳其语"。

一路向北深入沙漠中心，接着又折返回南部，这足以让他轻松获得罗布泊沙漠探险家的名声。但他的收获远不止于此：在这次探险中，他亲自发掘出了一座古城的遗址，就是斯坦因不以为然，但被斯文·赫定认为的楼兰国都遗址。

自汉代的匈奴政策以来，楼兰国就因和亲公主等原因而成为汉诗的宠儿。文献中也有记载，法显三藏离开敦煌后，在浩瀚的沙漠中历尽艰辛地走了十七天，跋涉一千五百里之后，终于抵达鄯善，即楼兰附近。约二百年后，玄奘三藏自印度归来，自如今的且末、彼时的折摩驮那出发，向东北行走一千里后抵达纳缚波，也就是楼兰古城。

又过了六百五十年，到马可·波罗时代，楼兰国应该已经被完全埋进了茫茫沙海里，因为我们已经无法从这位那不勒斯大旅行家的记述中找到任何关于楼兰国的记载了。不过从文献中记载的位置以及距离看来，楼兰国一定是在罗布泊沙漠之中。

立花离开若羌后继续南行，穿过寸草不生的库鲁克塔格山脉，一次又一次地艰难穿过冰冻的盐水湖，终于来到了罗布泊沙漠的北边，这一带的湖水依旧是咸的，不过勉强可以饮用。随处可见的野生骆驼们友好地看着大篷马车队伍，并目送他们离开。这一片似乎是古河床的遗迹，黏土山如波浪一般连绵起伏。

走过这片区域后，就进入一望无际的罗布泊沙漠了，这里的流沙十分细腻，如同大自然精挑细选出的一般。在这里，别说绿叶、青草了，就连虫子也找不出一只，唯一能依靠的就是手中的草图和指南针了。每日，太阳从沙中升起，又隐入了沙中。骑在骆驼背上摇摇晃晃，在一片又一片的沙丘中忽上忽下的立花，忽然生出了一种乘一叶扁舟于海波之上的错觉，这让他想起不知何时学会的一首万叶古诗："海上落日染金云，今宵月色当清明。"于是一面苦笑着，一面轻声地哼着这首诗。

但如果一味地沉醉于沙漠梦境中，导致看错指南针走错了方向，那么所有人就会在这无垠的沙漠中因粮尽水绝而命赴黄泉。所以立花不得不回过神来，站在沙丘上以望远镜确认方向，与此同时，也努力搜索这附近是否有被埋没的古城遗址的蛛丝马迹。

命运之神眷顾了他们。立花终于找到了一处从未有人踏足过的地下古城堡遗址，借助一柄锄头在那里搭了一个帐篷。经过数日的挖掘，他们有了巨大的发现，深埋于地下的丛林、小道、村落等，都在他们的挖掘下一一显露。

不久后，他们就来到了罗布泊湖畔的阿布达拉村。

这是立花第三次来到这里了。当地人把他当成了朋友，村里的老人送上了冷冻的生鱼以示欢迎。这些鱼或是来自罗布泊湖泊，或是来自附近的河流，对于厌倦了罐头和羊肉的立花来说，这可真是极好的美味。

离开村子后，立花才意识到，二十一岁这年的元旦居然是在沙漠中度过的，真是一个令人难忘的新年。后知后觉的他站在被称为四足兽湖的罗布泊湖泊畔再次远眺东方,遥祝新年。

之所以称为"四足兽湖",是因为斯文·赫定和许多其他探险家一致认为,罗布泊是一个不断移动的湖泊,它会因沙子的状态而不断改变形状。

从吐鲁番出发,立花在大约一个月后成功穿越罗布泊沙漠,来到下一个目的地——位于南山山麓的察哈雷克村,在此过程中,他又有了很多新的收获。

立花给自己订了一个大胆的计划:从察哈雷克村往西走,不到十日即可抵达车尔臣,在那里稍做整顿后抄近路向北走到库车,接着穿过塔克拉玛干大沙漠与少年霍布斯会合。

斯文·赫定和斯坦因都曾说过,想要南北方向穿越这片大沙漠,唯一的方法就是沿和阗河或沿克里雅河北上。而立花打算横穿的这片区域是完全没有河流的,只能依靠指南针不断向北突进。

立花模糊地记得玄奘的《大唐西域记》中曾说,昆仑山之南,喜马拉雅山之北的西藏中部地区有一大池,称为无热恼池,周围凡八百里,以金、银、琉璃、水晶等宝物装饰岸边,其池清波皎镜,有八地菩萨幻作龙王形居于内。池水自东面银牛之口出殑伽河,入东南孟加拉湾;自南面金象口出信度河,入西南阿拉伯海;自西面琉璃马口出缚刍河,入西北咸海;自北面颇胝(水晶)狮子口出徙多河,入东北海罗布泊或称楼兰海，复又流入积石山下，成为黄河之源。

当年读到这段时，立花因其记述之神秘而产生了浓厚的兴趣，自那以后，世界屋脊塔里木盆地就成了他梦中的远方。

成功完成第一次探险并穿越了罗布泊地区，对立花而言，可以说基本实现了自己的夙愿。可是，横穿人间秘境塔克拉玛干大沙漠，在西藏的神秘版图上留下自己的足迹——这些诱惑无疑都让他难以抗拒。

更何况，自己最忠实的仆人霍布斯还在异乡独自等待唯一的年轻主人。一想到无依无靠的霍布斯此时该有多么焦急，立花就恨不得马上飞到他的身边。

经过估算，立花觉得自己需要在沙漠中待上二十五天。于是他准备好充足的食物、燃料和用于补充水分的冰块，并挑选了一支强壮的骆驼队，让它们喝饱了水后出发。

即使是最小的骆驼也足足喝了五六桶的水，大骆驼则至少喝了十桶水，它们的皮毛就像吸饱了血的水蛭一样膨胀起来。喝饱了水的骆驼们原地跺着脚，如同即将起跑的赛马般个个精神抖擞。到了日落时分，它们就消失在了一望无际的沙浪之中。

前三天，站在高高的沙丘上还能看到渐渐远去的阿尔金·塔格山脉的银白色山脊，到了第四日，那抹银色的线条就彻底消失在沙平线下，只留下探险队员们单调的足迹，在空洞驼铃声的映衬下显得更加单调了。

一周过去了，十天过去了，十五天过去了。日落便就地搭起帐篷，日出便收起帐篷放在骆驼背上，就这么日复一日地、默默地在沙漠中不断颠簸北进。这片寸草不生的沙地让人看不到一丝希望。

从出生开始，当地人就是在沙漠各种神秘而恐怖的故事中长大的。

一个负债累累的男人决定投沙自尽，就好比其他地方的人投河自尽一样。这个对生活失去希望的男人在某个月黑风高之夜，带着必死的决心躺进了沙漠。到了第二天早上，原以为自己早就被埋在沙中的男人醒过来一看，自己不仅没死，眼前还出现了一座古城遗址，似乎是被大风刮出来的，城中还藏有数不尽的金银财宝，男子瞬间就成了一个百万富翁。

当然也有与此截然相反的故事：一群赌徒在输光了所有家当后，不得不深入沙漠寻宝，就在他们找到宝藏并准备带走之时，被突然出现的恶灵拦住了脚步，并被永远留在那片黄沙之中……

生活在沙漠地带的人们从小就听惯了这些故事，如果说一开始他们还对沙漠掘宝有过短暂的期待和好奇，随着不断深入沙漠中心且进退两难时，剩下的就只有恐惧和焦虑了，就像置身于沙漠的海洋不断翻腾着，就连骨髓中也满是黄沙。

不过话又说回来了，即便想逃又能逃到哪里去呢？别无选择的人们只能硬着头皮跟在立花身后蹒跚在沙漠中前进。他们翻过一座座高高的沙丘，努力在漫天的黄沙中搜索奇迹，却一次又一次地失望，只能朝着西方不停祷告。

不幸的是，随着春天的到来，所有人赖以生存的冰块在阳光的照射下开始融化，原定使用二十五天的冰块，到了第二十天就已经见底。

很快，一头骆驼倒下了，其他的骆驼也开始体力不支了，或许不用多久就会相继倒下。最可怕的事情还是发生了：死神近在眼前。这种情况下，再多的财宝都无法挽救众人的性命。众人只能弃掉辎重，减轻负担加速前进。

他们将一个空的食品盒拆开，割成了几十支杆子，然后绑上报纸插在不同的沙丘上，作为将来返回取出东西的记号，接着把与霍布斯分开后挖掘到的文物、摄影干板以及一些沉重的测量仪器都用绒缎包好后埋进黄沙里。至于罐头、银币袋和枪支，虽然很重却是万万不可丢弃的。因为他记得同样九死一生走出沙漠西北部的斯文·赫定的宝贵经验。

尽管有面包和肉罐头，但没有水的痛苦也让人难以忍受。起初，食物还能依靠黏糊糊的唾液下咽，但很快就连嘴唇都干裂了，浑身的皮肤也开始干枯如龟裂的树皮，食物变得难以下咽，如针般卡在喉咙里。水、水、水……探险队员们不断重复着这如咒语一样的"水"字。

可天地对探险队的处境完全无动于衷，今日也依旧是丽日晴空、云沙邂逅的浪漫场面。立花突然想起从前母亲讲的一个睡前故事，里面有一首传说有祈雨之力的西行和歌。可是看着眼前这片数百年来从未尝过雨水滋味的沙漠，立花摇了摇头：想必再神秘的和歌也对它束手无策吧。

到了如今这个境地，想要走出沙漠只能依靠一样东西——活下去的信念！

次日，又有一头骆驼倒下了，与此同时，一个当地人也被永远留在了沙漠。但别无选择，剩下的人只能跟跟跄跄地继续往前走。

终于，他们找到了一丛没有埋进沙里的柽柳树，虽然树叶已经脱落，但树干仍显示出些许生机。当地人立即沿着根部深挖，希望用最后的一点力气挖出一口井来。可是，没有水。边上的立花立刻剪下树枝，剥开树皮，挤出一些散发着腥臭味的汁水抹在皮肤上，希望可以延缓皮肤干裂。

其他人也跟着他涂抹了一些汁液，然后打起精神继续往前走。终于，沙丘逐渐变成黏土，沙地的河床上，随处可见小小的水坑。所有人欢呼着冲上前去，迫不及待地就准备喝。

谁承想，这些水已经完全腐臭了，即使是反应迟钝的骆驼，也本能地拒绝了它们。喝过这水的人们很快就出现了上吐下泻的症状，痛苦程度远超缺水之时。

不过，既然已经出现了河床，想必很快就能找到可饮用的水源了，这个期待让所有人都振作了起来。虽然此刻他们还被呕吐和腹泻折磨得意识模糊，也依旧强撑着四处寻找水源。可是这附近的水坑都一样,再喝下去就要当场丧命了。

看到众人越来越犹疑沮丧,立花告诉大家,这里一定离人类的居住地不远了,并敦促大家继续北进。

皇天不负苦心人,他们终于来到了一片黄沙半掩之下的郁郁葱葱、枝繁叶茂的森林。突然,一头野羊从森林里跑了出来,把众人吓了一大跳。惊吓之后就是狂喜,既然有动物出没,就说明不仅附近有水源,而且距离人类的居住地也不会很远了。人们欢天喜地,庆幸自己终于逃过了一劫。于是所有人重整旗鼓、继续前进。这一次,他们还在沙地上发现了人类的脚印,而且显然是最近留下的。

眼前终于出现了一片被困在冰中的芦苇丛,不远处就是塔里木盆地。最终,精疲力竭的他们被一个牧羊人所救。立花终于完成了南北横跨塔克拉玛干大沙漠的计划。

救援队被派了出去,所有的人、骆驼和此前被遗弃的财物都被安全地带了回来。不过立花一刻也待不住了,他要立刻动身去见他的少年仆人。他片刻也不曾休息,将行李托付给同伴,嘱咐他们随后带来,然后就带着一个识路的村民赶往库车。他们骑着马日夜兼程,自天山南麓而出。时隔三个月,立花再一次见到了威严神圣的天山山脉。终于,他们将马头自南向西掉转,沿着库车大道飞奔。

立花时刻牵挂着如忠犬、爱猫一般的少年仆人霍布斯。此刻,立花仿佛已经听到了霍布斯那温柔的声音,那口蹩脚的日语还是自己亲自教的呢。主人与仆人曾一同穿越过两个大沙漠。

谁知他风尘仆仆地来到库车时，等来的却是一个惊天噩耗。少年霍布斯前几天刚刚因感染天花而不幸身亡，他的遗体也被运往了英国驻喀什总领事馆。

可想而知，立花有多么失望和伤心。他迅速检查了霍布斯留下的大件行李后，立刻骑马一路追向喀什，英国少年的灵柩正在那里等着自己。在当地的福音堂，人们为霍布斯及其他几位外国人举行了葬礼，到场的还有英、俄两国领事。随后，霍布斯的遗体被安放在当地的英国公墓中。

霍布斯的离去，让立花久久无法走出悲伤。法主交代的库车一带探险发掘计划，也因这一突发的悲惨事件而不得不暂时搁置，这对立花而言又是一个巨大的打击。不多久，他又收到一封来自本国的电报，信中告知法主夫人已辞世。接连而来的噩耗，让立花彻底崩溃了。

这段时间，立花调查了喀什附近的废墟。在这个无论是斯坦因还是伯希和都没有留下过足迹的地方，已经完全消散了佛教鼎盛时期的遗迹。而今随处可见的，是气势恢宏的清真寺、福音堂和天主教堂，塔楼高耸，钟声响亮。

不久，立花就振奋精神，制订了西藏探险计划。他决定将从库车带来的大件行李直接运往和阗，自己则另外组织一支队伍，在夏季的登山期前调查帕米尔山脉的遗迹，随后在四月初山花盛开的时节出发前往叶尔羌。

牧羊人的号角声在山谷之中此起彼伏，他们穿过桃李绽放的山间小路，头顶是湍急的瀑布，耳畔是婉转的鸟啼声，循佛教东渐的遗迹而上，与在茫茫沙海中的九死一生不同，此处大有"溪声便是广长舌，山色无非清净身"之趣，置身于大自然的温暖怀抱中，仿若自己也已做了"南画"中人。

他想起自己在第一次探险旅行中，曾从叶尔羌经过卡拉其古，穿越近六千米的喀喇昆仑冰川，最终到达印度的克什米尔。回忆往昔让立花感到心潮澎湃，他决定在5月征服阿尔金祁曼塔格及昆仑山脉，然后前往塔克拉玛干沙漠中最大的绿洲——和阗。

频繁遭遇黑风洗礼的季节已经到来。阳光躲进乌云里，静待远处的雷鸣声偃旗息鼓。沙漠进入了旅行禁令期，大陆的夏天如约而至。

十一　西藏无人区

在和阗逗留的两个月，立花想方设法对附近的遗迹进行了探访。这里就是从前的于阗国，现在的人口也有四五万之众，是沙漠地带最为繁华的城市。气候较其他城市相比也更为温和，物产十分丰富。

斯坦因曾先后两次到此，攫取了大量宝物。所以在立花看来，自己费尽心机收集到的也只能是这支英国探险队遗落的面包屑罢了。尽管如此，他在这里的收获还是远非喀什一带的城镇可比。不愧是印度及藏传大乘佛教曾盛极一时的佛教王国。

和阗最初建国时名曰瞿萨旦那，相传印度转轮王——阿育王的王子——因某种原因被遗弃在此地，此时土地上突然隆起了乳房，婴儿最终靠着吮吸乳汁长大成人，于是此地被命名为瞿萨旦那，意为"地乳"。

还有一种说法称，那名婴儿后来被一位国王收养并抚养成人。他长大之后，回到了故土——原为湖底，后来借助释迦法力排干湖水并将其划为国土的瞿萨旦那，之后，他与刚刚从印度迁徙而来的阿育王的一位臣子合力在白玉河与黑玉河之间的富饶土地上建立了国家。

立花对这些神奇的建国神话非常感兴趣。仔细观察这里的居民，可以发现，他们身上明显留有西域文化与汉文化融合的烙印，还有部分印度地区的色彩，与沙漠其他地区所呈现出的风格有明显区别，而且当地物产十分丰富，百姓也比较勤劳。

尤其是当地养蚕之风盛行，主要产物包括生丝、绢织物、玉、麝香等。妇人们都忙于养蚕、织布，这让立花不禁联想起日本的乡村，他感觉心情舒畅，而他已经很久没有体会到这种悠然自得的心情了。他也逐渐结交了许多城内的各界名流。

相传雄浑广大的佛教经典《华严经》就是用和阗文所作。这片土地曾经与大乘佛教有着极其深厚的因缘。日本天平时期（729年至748年）的美术作品中，四天王穿着的武将服装很可能就是受这一时期文化的影响。唐初大画家尉迟乙僧的故乡就在这里，尉迟乙僧对唐代绘画艺术产生了巨大影响，当然，也间接影响到了日本。然而，令人遗憾的是，如今的和阗已经完全丧失了原有的光彩，想到这里，立花的心头生出了一种怅然若失的感觉。

立花一面四处探访，一面有条不紊地为出征西藏做着准备。待准备工作基本就绪，他便将挖掘用具和非必需品打包好送往敦煌的衙门，然后启程赶往克里雅，开启了他的高原之旅。

城内三十多名学者和富豪也骑马奔赴著名白玉产地——

和阗近郊的白玉河畔，为立花送行。他们都是立花在当地结交的名流。和阗城的人们经常结伴来这里纳凉，就像其他地方的人喜欢在傍晚到户外乘凉一样。

克里雅河是一条深入塔克拉玛干沙漠腹地，最终湮没在大漠中的河流，立花计划从克里雅出发，沿着克里雅河一直向上游行进，登上河流发源地——阿尔金山脉高耸险峻的山岭，之后进入昆仑山脉北麓，沿着人迹罕至的高原——有避暑胜地、世界屋脊之称的青藏高原一路向东北方向前进，八月下甘肃，然后抵达敦煌。

进入西藏的手续异常繁琐，因其中心距离和阗有一千五百公里之遥，所以昆仑山脉附近的高原自古以来就是荒无人烟的不毛之地，因此并没有人对立花所谓的"避暑旅行"提出质疑。

立花将克里雅作为自己的大本营，大张旗鼓地做着准备工作。通过购买或雇佣，他集结了大量的马匹、骆驼、骡子、牦牛，将一行人及牲畜三十天所需的粮食经由阿尔金山脉险峻的山岭送达高原，又雇用了六七十名不怕死的苦力，带着二十匹马出发前往目的地。此行花费的劳力和经费非常庞大。

因为走的都是人迹罕至的路，需要翻越无数的断崖绝壁，其中的困难远超立花的想象。跋涉途中，骆驼或摔断腿，或跌落谷底，还没等到达目的地第一站，大部分骆驼都已经掉队。只有一些腿比较短、体格较为强健的牦牛和骡子坚持了下来。

即使这样,在立花的指挥下,运粮队用了一个月的时间,到底完成了粮食的运输工作。接着,立花不紧不慢地跨上他从库车带来的爱驹,沿着克里雅河向上游行进了两日,终于到达了大山中最后的一座村落——波鲁。

在通往此处的鸟道上能看到星星点点的脚印,不知是猎户留下的,还是淘沙金的人留下的。这可真是鸟道,极其险峻难行。正如山脉名"阿尔金山脉"所示,这座巨大的山脉盛产黄金。立花的目标是距离这里最近的一座高峰。

波鲁是座萧条的村庄,周围环绕的千年冰川宛如盘腿而坐、身材伟岸的巨人,而村子恰好位于巨人的大腿根部,立花的目的地则位于巨人的肩部,距离此处约四千五百米,要想到达那座山峰,需要在陡峭的绝壁上穿过岩石的缝隙。

在向上攀登的过程中,他们看到越来越多听到人马声响后受惊飞走的乌鸦和秃鹫,也看到越来越多被岩石卡住而曝尸荒野的马匹和骆驼,这些尸体恰如里程碑一般。毫无疑问,这些都是先遣运输部队的牺牲者。

偶尔,他们会将行李从牲畜的背上卸下来,扛着前进,也会把装满粮食的箱子当作攀爬岩石时的脚凳,很多地方还需要借助绳子才能向上攀登。途中,他们找到了一块极小的空地,随即支上帐篷,休整人马。就这样,在经历两晚之后,他们的冰镐终于落在了目标山峰那险峻的雪谷之上。

就在一行人踏着冰川一般坚硬的雪谷,朝着山顶艰难行进时，突然，一阵大风裹挟着云像灰色的波浪一般席卷而来，还没等他们反应过来，大雨又倾泻而下，仿佛要把他们丢进跌水潭[1]一般。

转眼间，雪谷就化为了银色的河床。但这也只是暂时的，不一会儿，风吹散了云，天空瞬间干净得如同镜面一般，流动的云彩也仿佛将山谷埋了起来，这时再往下看，看到的只有白茫茫的一片。就这样，转瞬之间，这里又变成了云层之上的清净世界。

真是难得一见的奇观。海拔近七千米的冰山群峰就像一面面棱镜一般，将山顶映照得格外灿烂夺目，这里仿佛是一座被炫目的灯光装饰、用白银打造的圆形剧场。眼前的景象，让一行人已经分不清身在天堂还是在人间。立花心想，传说中的月光世界应该就是这样吧，他出神地望着眼前的一切，默然许久。

一行人从干旱少雨的沙漠地带来到了西藏境内气候完全不同的高山地带。

终于，他们翻越了山峰，抬眼眺望前方万里晴空之下的西藏，在遥远的另一边，那在正午阳光的照射下如镜子一般闪耀着光芒的就是撒克孜湖。而那散落在各处、将闪光的镜

---

[1] 跌水潭通常指因瀑布水流冲击，产生洼地，渐渐成为渊潭的地方。瀑布被称为跌水，一般有瀑布的地方都会产生跌水潭。

面固定住的鼓钉[1]正是他们先遣部队的帐篷。一行人不约而同地欢呼起来,开始朝山下走去。

然而,这喜悦的心情很快就烟消云散了,因为包括立花在内的一众人员都开始感到胸闷,心跳也加快了,而且头痛欲裂,眼睛也开始变得模糊。虽然先遣部队的帐篷就在不远处,但对他们来说,这不足一公里、通往湖畔的下山路却寸步难行。他们都产生了高原反应,还中了暑。

一行人在这种濒临死亡的状态下跌跌撞撞地朝着帐篷的方向走去。抵达时已是傍晚时分,空气里也有了几分寒意。这短短的一段路,他们竟花费了将近半天的时间。

值得庆幸的是,既没有人丧命,也没有人受重伤。但立花因为高原反应,连续一周都处于神志不清的状态中,还不停地说着胡话,就这样在床上躺了一周。

待身体恢复之后,立花就开始盘算着去那些无人涉足的区域进行高原探险之旅。他刻意避开斯文·赫定曾经踏足过的地点,看着地图上的空白区域,将自己的计划一点一点地记录在本子上,沉湎在探险梦之中无法自拔。

然而,已经习惯了沙漠生活的队员们似乎对完全不熟悉的高山充满了恐惧,经常聚在一起商量如何逃离这里。立花也因此加强了对他们的监视。

这是一行人入住帐篷的第九个晚上。

---

[1] 一头似圆鼓的钉子。

夜半时分，立花突然醒了过来，大脑也异常地清醒，感觉再也难以入睡。他见外面似乎有月光，于是走出了帐篷。

这天是满月。夜空蓝得像一泓湖水，没有一丝云彩，圆圆的月亮挂在天空的正中央，光洁似冰。月亮映在湖面上，形成了青白色的倒影。倒影静止不动，湖面上也没有半点波澜。他白天曾看到岸边的浮萍上开出了不知名的绯红色花朵，但不知何时那些花朵已经凋谢，只剩一些白色的小花。湖面上映照出昆仑山冰川的倒影，这些白色的花朵就像花簪一样装饰在山顶周围。在这万籁俱寂的镜面上方，偶尔能看到大颗的流星拖着青白色的尾巴一掠而过。

印度神话中说，紧那罗[1]天女们会在月圆之夜载歌载舞，大概人间秘境也不过如此吧。眼前的美景让立花陷入了遐想。

片刻之后，立花将思绪从纯净的异世界中拉了回来，把目光转移到了那一排帐篷上。六顶帐篷之间保持着间隔，在这高原的月色之下，沉沉地进入了梦乡。周围的牦牛、马儿、骆驼，还有为应对突发状况而带来的数十头绵羊似乎相互之间已经建立起了信任，或躺或立，或慢吞吞地活动着，俨然是一支守护帐篷的动物部队。

在这荒无人烟的地方，他，立花，要带领着这样的一支队伍向人类从未踏足过的高原发起挑战。他的脚印，将永远留在世界的探险史上、人类的地图上！立花感受到了自己

---

[1] 佛教天神名。天龙八部之一。又名"乐天"，意为"歌神""音乐神"。

因激动而加快的心跳，此刻，他想大声吟诗，他还想找人倾诉，描述自己的宏大梦想。

立花大步迈向一个帐篷。然而，他看到的只是一副帐篷的空壳。他大吃一惊，连忙跑到另一顶帐篷查看，里面也空无一人。他接连又查看了好几顶帐篷，发现所有的大帐篷都已经空空如也，只有离他自己帐篷最近的那顶小帐篷中还有两位来自沙漠的探险队员在打着呼噜酣睡。这两个人是一行人中少有的"精英"，只有他俩能够勉强理解立花的想法。

毫无疑问，这些被雇用的、来自沙漠的探险队员们（其实就是搬运工）自觉前途未卜，趁着月色逃跑了。立花那些天真的想象在一瞬间化为泡影。此时，他的爱驹似乎感受到了主人的情绪，发出了一声令闻者断肠的嘶鸣，打破了这无边无际的沉默。

"我可不会在这时候乱了阵脚。"

立花说着，钻进了绵羊皮制成的睡袋中，自我开解一番，再次坚定了自己的信心。

第二天，他们留下帐篷和牲畜，立花带着两个仅存的队员，三人骑上马下山，几经波折回到了波鲁，然而，任凭三人如何劝说，村里也没有一个村民愿意做搬运工。于是他们又折回克里雅，但先他们一步逃至此处的逃兵们早已在此进行了一番宣传,因此仍然没有人应征。无奈,他们只得返回和阗,终于重新拉来了一群精壮的搬运工。

重新组好的探险队再次起程,又历经了一番波折,翻山越岭,好不容易才回到了撒克孜湖畔边的宿营地。然而经过这样一番折腾,马匹都已经病倒了,其他的牲畜也变得非常虚弱,连走路都跟跟跄跄。生命力最为顽强的牦牛已经不知去向。他们带来这里以备不时之需的绵羊也少了一大半,一些绵羊满身是血,痛苦地倒在地上,周围到处散落着头和四肢的残骸。很明显,在他们外出期间,这里曾遭遇过狼群袭击。

眼前的光景让众人吓破了胆。尤其是新招募来的搬运工,他们还要忍受高原反应的折磨,所以队伍中很快又出现了逃兵。立花知道,现在唯一的办法就是尽快行动。于是他们匆匆收拾了帐篷,开始朝着东南方向进发。

两天之后,探险队来到了克里雅河一条支流的尽头,然后顺河而下,前往迪西大尉[1]未曾考察过的地点探险。

克里雅河自南向北流动,他们沿途要与急流、断崖、巨石较量,还要在溪谷深处摸索着前进。在赶路的过程中,有骡子连同行李被湍急的水流冲走,有马匹伤到了蹄子,就连牦牛也都累到了极点。队员们怨声载道,立花在犹豫了三天

---

[1] 亨利·迪西,爱尔兰探险家,1896年带着驼队在藏地探险三年,是目前能查到的文献中,第一个记录西藏金丝野牦牛的探险家。——编者注

之后，最终打消了考察克里雅河上游的念头，决定顺着右岸的一条溪流返回高原。然而半日之后，他们就被一道绝壁阻断了去路。

一行人在绝壁下徘徊了四天，也没有找到能够走出去的路，彻底陷入了进退两难的境地。这怪石嶙峋的绝壁看上去足有上千米高，下面就是深不见底的山谷。要想活下去，就只能拼上性命，踩着巨石攀爬上去。

第五天，立花找到了一处已经干涸的跌水潭，立即命令众人扎营。他希望让大家在此养精蓄锐，又为牲畜们更换了蹄铁。然而队员们望了望眼前的绝壁，纷纷叹起气来。

第六天，立花让队员们原地休息，自己则带着几个身体灵巧的青年去侦察路线。经过一番考察，他们终于找到了一条路径，信心满满地回到了营地。

接下来，全体成员拼尽全力，用绳索将牲畜一头一头地运了上去，又像蚂蚁一样将那些从鞍上卸下来的行李一件一件向上搬运。到了晚上，他们的身体都几乎冻僵了，然而也只能勉强在岩石的背阴处休息。直到第七天的傍晚，才登上了阿尔金山脉这座海拔高度六千米、连名字都没有的山峰。

绝壁之险，非语言所能形容。在攀登的过程中，有六成的马匹、骡子、牦牛丧命，在即将到达山顶时，他们又遇到了冰川上悬垂而下的冰瀑，然而这时他们带来的绳索已经不够用了，于是只能将队员们戴的数条土耳其头巾连接起来，绑在各自的腰带上当作保险绳，轮流挥镐砍出踏点，以此保障安全。

历经千辛万苦,众人终于在黄昏时分登上了山顶。他们刚想松一口气,只见一匹已经精疲力竭的马儿脚下一滑,转眼就掉进了冰川的裂缝中。

脚下就是深不见底、又冷又黑的地狱,一行人根本没有办法施救。他们整个晚上只能在岩石的背阴处蜷缩着快要冻僵的身体打盹儿,半睡半醒之间还隐隐约约能听到下方传来的哀嚎声。立花想到这匹马是为了自己才被活埋在这冰川之中,不禁朝着马儿跌落的方向念起了"阿弥陀佛"。

高山的早晨来得格外早,天刚蒙蒙亮,立花就起身了。星星还闪烁着微光,云彩将山峰遮得只剩山顶,眼前是一片白茫茫的云海。阿尔金大山脉西起帕米尔,东面一直绵延至甘肃境内,眼前群峰高耸入云,东侧呈墨蓝色,西侧则被染成了淡淡的茜红色。各个山峰宛如一株株巨大的石笋,似乎在一争高下。

南面的昆仑山脉将高原分隔开来,在半空中描绘出了尖锐的山脊线条,让人忍不住联想起坚不可摧的城墙,保护着里面那神秘的世界。这似乎是大自然给自己的提示。立花望着眼前的宏伟画面,想到了《华严经》中的壮阔场景。但高原上是没有雾霭的,有的只是夹杂在神奇光线里的一种半透明的灏气,而且这是只在黑夜和白昼交替时才出现的奇景。

立花想试试能不能看到远处的天山,于是拿起了望远镜,然而只看到了斜挂在云海那端的北斗。他把目光转到了脚下，看到众人拼上性命，花了两天时间才翻越的断崖。

这里没有一棵树，也看不见一株草。目光所及之处，皆是岩石，岩石尽头也已经被云层所覆盖，山谷更是深不见底。由此看来，一行人连同他们所带的牲畜全都遍体鳞伤也是理所当然的。他们能登上山顶，真是难得的幸运。立花面向遥远的东方双手合十，朝本庙[1]唱诵三誓偈[2]以示感谢。

不久，旭日的光线穿过高耸的山峰照射下来，给庄严雄伟的世界披上了一层红光。立花将一头秃鹫从帐篷中带了出来，那是他七八日前在克里雅河上游趁其啄食马肉时生擒到的。秃鹫在他的手套上拍打着强健的翅膀，高傲地俯视着下方。

当立花率队第三次从西藏高原上下来时，队员们和牲畜们早已经体力不支，半数以上的队员都已经逃跑，牲畜的数量也越来越少。众人唯一的愿望就是休养，而不是继续行进。但最糟糕的是，即便立花同意停下来休整，最后也会发展到没有燃料可用，莫说草根和动物粪便，就连粮食箱和手杖都被烧光的境地。一旦事态至此，他们的前途将是一片黑暗。

当天晚上，立花被帐篷剧烈的晃动惊醒了，他以为是遭遇了暴风雨，赶忙出来查看情况，发现原来是拴在帐篷旁

---

[1] 大谷本庙，净土真宗初祖亲鸾的墓地。
[2] 《无量寿经》上所载偈文，为四十八愿之纲要。法藏菩萨在发下四十八大愿之后，又发了"重誓愿"；重誓愿的前三偈，名为"三誓偈"。——编者注

边的爱驹因饥饿难耐啃起了帐篷。即便如此，立花也没有放弃，他们将病倒的牲畜舍弃，也不去追逃跑的队员，而是整理好残存的部队，面朝东南，向昆仑山麓的方向继续前进。

一行人这样又跋涉了两天。第三天时，仅存的两匹马也开始发狂，它们撕扯帐篷的支柱，啃咬粮食箱，最后竟开始攻击他们带来的绵羊，众人再也不敢放心睡觉，他们感觉危险随时会降临。事已至此，只能每人带一些粮食，将其余的行李全部扔掉，尽快下山。

立花做出决定后，在自己好不容易训练好的吉祥物——秃鹫的腿上绑了一面小旗子，上书"日本求法沙门立花"云云，然后将其放飞。此时他的队员也仅剩两名年轻人了。

秃鹫飞到空中，绕着帐篷飞了一圈，突然又俯冲向下，将地上的绵羊肉啄食殆尽后，就向着它原来的巢穴方向飞去。立花目送着秃鹫离去的背影，幻想着自己也有这样一双翅膀……

三人把当天能吃的食物都吃光了，然后又各自带了两三天的口粮，开始向北撤退。他们相信，只要一直向北走，就一定能到达大沙漠中的绿洲。

就这样，他们走过大山，穿过山谷，四天之后，三人已经是饥寒交迫、筋疲力尽，然而他们能做的也只有相互鼓励。最后终于在一座灌木丛生的大山中遇到了扛着猎枪的当地猎人，并跟随他们一起回到了小屋，这才保全了性命。

三四天后，他们回到了克里雅，开始重新组织队伍。

一个月后，沙漠深处的村庄迎来了严寒的冬季。休整后的立花已经彻底将西藏高原探险中经历的失败与伤痛抛到了九霄云外。他带领着新组织起来的一支有十四五名成员的沙漠商队，再次出发前往东方的敦煌。

这时候，敦煌至少有两个男人在焦急地等待着他的到来。一个是京都本愿寺派来的吉川，另一个就是我们熟悉的住持王道士。王道士听前来探访千佛洞的吉川说，马上就会有一位年轻的日本"三藏"来此地取经。

此前，立花离开和阗前往高原，原本应该在八月到达敦煌，但却迟迟没有消息，再加上中国各地的革命军在孙逸仙、黄兴的号召下纷纷揭竿而起，于是法主命吉川搜索立花的行踪，并将其带回日本。吉川带着六甲山二乐庄[1]的中国厨师老李出发前往敦煌，自十月抵达之后便开始四处打探立花的消息，但始终一无所获。

立花对这些情况全然不知。他一心探寻玄奘三藏走过的路，并且刻意避开斯坦因曾考察过的地方，在车尔臣迎来了新年元旦，没想到却在罗布泊湖畔听说了中国内陆爆发革命的消息。毫无疑问，这正是辛亥革命。

---

[1] 二乐庄是大谷光瑞在日本兵库县六甲山麓建造的别墅。

十二　前往敦煌

现在，立花戴着土耳其帽和登山墨镜，下巴上留着看起来就很暖和的胡子，身披一件长款羊毛大衣，带着几个随从，早于运送行李的商队两三天出发，骑马潜入敦煌县城。这当然事出有因。

据说，这片沙漠如今正被革命的炮火所轰炸。敦煌的驻军和革命军之间爆发了多次战斗，城里边到处都在杀人、放火、抢劫，完全是一片没有秩序的混乱景象。带着大包小包的外国人若是此时进城，肯定会被劫道，甚至性命难保。就连那些车尔臣本地人都感到害怕。

在立花的劝说下，大家都打扮成了当地人的模样，把行李留在后方，先行潜入城中。毕竟对立花来说，倘若传言属实，他花了三年时间辛辛苦苦发掘出来，提前送到敦煌衙门的五十多件行李说不定就会被人抢走或者烧掉。

然而立花却异常顺利地穿越过了罗布泊的茫茫大漠，在他即将抵达玉门关故址时，遇到了一支正准备返回和阗的商队，立花向他们打听并确认了敦煌没有受到任何战火的波及，心头的大石头这才终于落了地。

从商人的口中，立花还得到了一个消息：此地来了一个日本人，已经待了四个多月了，据说是为了等一个从和阗归来的同胞，那个日本人身上还带着一封委托信，是写给当地衙门的。立花这才想到是吉川来了，便骑着马日夜兼程赶了过去。

眼看两日后就能抵达敦煌城了。那天夜里，立花骑着马在纷飞的大雪中摇摇晃晃地前行。昏昏欲睡中，他突然听到远处传来了一阵喧哗，强打起精神仔细一听，那个声响似乎正朝着自己袭来。与此同时，一个随从突然用当地土语高喊了一声："狼来了！"

狼群确实袭来了。一行人向着狼群袭来的方向拼命挥舞着手中的提灯，并迅速点燃了枯草。立花也立即掏出随身携带的手枪，向着声音袭来的方向一顿乱射。幸运的是，他们抵挡住了狼群的袭击，狼群朝别的方向逃走了。但众人还是围着篝火在原地待了一整夜。到了第二天早上，他们才看到雪地上布满了狼的脚印，并一路朝着南部山麓的方向延伸而去。

进入敦煌城的第二天，立花便找到了吉川的住处。

吉川在这里逗留了一百多天，穷尽一切办法寻找立花的信息，可是别说找到立花的行踪了，连他是否还活着都是个谜，这让吉川感到非常不安。事到如今，只能鼓起勇气闯入那片神秘的大漠去寻找了。于是，吉川派厨师老李去了安西的电报局，发电报给京都的法主汇报自己的计划，并等待法主的指令。谁承想，老李还没走多远，立花就出现在了自己的眼前，吉川连忙又派人追回老李，向京都发送的电报也由"立花失踪"的噩耗改为"立花平安到达"的吉报。

吉川拿出父母寄来的信和点心，法主也送来羊羹以表达对立花的慰问。立花没想到法主竟会为自己的安危而牵肠挂肚，还给了如此的鸿恩殊遇，不禁流下了感动的泪水，心绪一时有些混乱，不知该从何说起这五年间发生的种种。

吃着老李精心制作的料理，放下一切戒备、自由自在地说着日语，天底下还有比这更幸福和喜悦的事吗？不过闲聊之中，立花还是会不经意地蹦出几句土耳其语，也算是人生经历的必然体现了吧。

吉川一边听着立花讲故事，一边观察着立花。他回想起第一次探险的时候，立花还是少年，经历了五年探险生活后，如今已经长成了一个健壮、稳重的青年，虽然脸上的皮肤依然细嫩，但已然晒得黝黑，且爬满了胡子，眼睛如今也透出异样的光芒，锐利逼人。最让人吃惊的是，也不知是不是穿上了厚实冬装的缘故，以前那个优美流畅到让女性都会误认为是同性的溜肩，如今看着也已十分壮实。

看着这位青年，吉川被深深吸引。

"立花君，这么说虽然有些失礼，但这五年你真的蜕变了，成熟了。你的艰辛，我感同身受。"

这无疑是在感叹立花已经成长为一位真正的探险家。

"不是有句话说'士别三日，当刮目相看'吗？我能有今天，也是多亏了上人和神佛的庇佑，这也是我们应该赌上性命去完成的使命。我打算先在这里稍做休整，归途或许会选择从蒙古国穿过戈壁沙滩回到北京的路线，当然这些纪念品虽重，我也是要尽数带回的。

"可是，一想到远方还有一位期待我回去的寂寞老人，我就感到十分心痛。吉川先生，跟我说说法主夫人仙去时的情景吧……"

随后两人对着吉川随身携带的由法主亲笔所书的佛号，虔诚地念了一小段佛经，追思已故的法主夫人。片刻之后，立花和吉川又开始聊起那段似乎永远讲不完的探险故事。

二人互相分享着在各地见过、听过的奇闻异谈、传说风俗等，兴致勃勃地谈论着在中亚的各种奇妙体验。突然，立花感慨道：

"吉川先生，前几年我曾跟随上人游历过印度，这次我又去了这个世界最干燥的地带，算是亲身经历了千百年前冒着生命危险西行求法的法显、玄奘等诸位高僧的艰辛。让我更为钦佩的是，西域的罗什、竺法护、昙无谶等众位高僧，为了传道译经而历尽千辛万苦来到东方。这一路上,随处可见高僧们留下的遗迹。

"然而,现在这些宗教遗迹都已被破坏殆尽。千年后的今天,整个中亚地区莫说是一座完整的寺观了,就连一尊完好的佛像都看不到了,又何谈如往日一样供奉佛祖呢?自然也就再听不到一句念佛之声了。

"与此相比,在中亚的土地上,伊斯兰教香火不断,空前繁荣。虽然我对佛教徒们也是哀其不幸怒其不争,但也不能忽略一个问题,为何伊斯兰教能得到当地土著居民们的信奉与敬仰呢?

"英国和俄国在喀什进行着激烈的势力争夺,一方的代表是福音堂,另一方的代表则是天主堂,双方都试图借宗教的面具,实则伸出入侵的魔爪,他们的势力正在以肉眼可见的速度侵蚀着西域。然而,即便新教和旧教都有大国势力的加持,也依旧动摇不了伊斯兰教在当地的势力。

"对伊斯兰教势力的调查,事实上也是上人在此次探险旅行前下达的一个指令。的确,伊斯兰教问题必会对今后的东亚发展产生重要的影响。我对上人的远见卓识真是无比钦佩。对了,吉川先生,这就是上人在喀什时给我的《古兰经》。"

立花从他的外套口袋里拿出了一本用土耳其文写的袖珍版《古兰经》递给了吉川。吉川接过来后开始翻看,发现上面到处布满了用铅笔和钢笔画的线。立花告诉他,自己在旅途中也时常在土耳其学者的指导下诵读《古兰经》，同时也奉法主之命，在喀什购买了许多伊斯兰教的权威性新古书籍，都装满好几个行李箱了。

立花面带红光，眼中闪烁着光彩：

"我听说，富有远见卓识的上人早已有所计划，并已和西藏的达赖喇嘛达成了合作之意。既然如此，我们也应该贡献出自己的力量。

"这次的探险旅行中，我聘用了许多中国的当地人以及几位俄国人和英国人同行，也与各地的上流人士有过友好的交流，甚至还与其中的几位结成了莫逆之交。我深信，只有悲悯的佛心才具有团结众生的力量，除此之外别无他法。"

吉川回答说：

"我和你不一样，是个不入僧籍的俗人，但也吃着本山的俸禄，所以我完全支持你的想法。我虽是无能之辈，但若是前线有需要，我也定当义不容辞。

"我此次来中国内地，主要就是为了接应你。不过在这里我也感受到了这个大国的衰落，若说从前是一头'沉睡的雄狮'，那现在就是'奄奄一息的狮子'了。也难怪到处都在闹革命了。如今这个情况，若中国这头'雄狮'无法靠自己的力量觉醒并再度崛起，接下来可能就会遇到大麻烦了。因为四周的狼群都在磨利牙爪，等着瓜分这头雄狮呢。"

"正如你所说，如今正是危急存亡之时啊！简单来说，所谓的中亚地区探险发掘，其实也正如你所说的，正是一群与佛教毫无关系，甚至没有丝毫感激之情的人，正趁着雄狮沉睡之际，连招呼都不打一声就将各种无价之宝接连拿走的偷盗行为，这跟趁火打劫又有什么区别呢？

"他们这样的行为实在是阴险毒辣。若只是把埋在沙子里的东西翻出来倒也罢了，可不管是在吐鲁番还是在库车，那群人竟然将壁画给裁下来带走了，而且也不好好保管，将它们弄得面目全非，这帮人确实是彻头彻尾的盗贼。不仅如此，这帮人还打着学术研究的旗号，大摇大摆地将那些赃物带了回去，实则都是功名利禄所驱使的吧。

"从这一形势推断，千佛洞各洞窟中尚存的那些壁画和塑像，迟早有一天要被那些贼人全部剥走并运回自己的国家。不择手段的学术研究是无比危险的一件事情。这与我们在佛教东渐后凭吊，为牺牲者掩埋遗骨并供养之的性质是截然不同的，那些人真是罪孽深重。然而这些粗鄙无耻的小偷为了不落于人后，如今正在世界各地不惜重金地大肆偷盗，真是极其不要脸。

"然而占据了天时地利的优势，且又与中国缘分最深的日本,如今又是什么景象呢?似乎所有人都觉得,有上人的大谷使节团就够了,如果只是单纯的调查旅行,那就只需看看日野强少佐的《伊犁纪行》。这和以俄国、英国、德国、法国和意大利为首的欧洲诸国迄今为止进行过的几十次探险旅行有一点儿可比性吗?而且他们还借着研究学术的名义,制作了十分详细的记录和精密的地图,这些成果实际上也起到谍报的作用,为可能发生的紧急情况做好了充足的准备。如此一来,我们日本就连在谍报方面也已大大落后了,这让我们怎能不愤怒。

"别看眼前这个位于亚洲心脏的干旱地带如今是一片举目破败的荒地,但我认为,在不久的将来,这里必将成为各方势力的必争之地。毕竟,这里拥有如阿尔金山脉的黄金和天山的煤炭,以及石油和铁等极其丰富的自然资源,并且还位于连接欧亚大陆的最短线段上,这条古代的丝绸之路,完全有可能在将来的某一天再度复苏和兴旺。

"等那一天到来时,我们就有望奢侈地爬到青藏高原上避个暑,或是把登山运动的地点选在喜马拉雅山、帕米尔高原和昆仑山上,这样的体验是日本阿尔卑斯山脉完全给不了的。或许我们的餐桌上会摆满了来自敦煌的甜瓜和无籽葡萄,想想就觉得很开心对吧?最有意思的是,据说罗布泊湖里生长着一种叫什么贝拉克的鱼,这一带在史前是和大海连在一起的,而这种鱼就是陆封[1]的鲑鱼类在退化后形成的物种。但是无论这种鱼多有西域风情,这么难吃的东西,我可是无法接受的。"

"你不是去青藏高原避暑旅行过一次吗?感觉如何?"

"哎呀,那可真是一次人生的败笔啊,简直可以用败军之将来形容了。还是年轻不懂事啊,回头想想,当时就是太过急功近利了。这么说起来,不管是李希霍芬、扬哈斯本[2]、斯文·赫定,还是亨利·迪西,都是大张旗鼓地登上了七千米的高山,对了,就连斯坦因也在哈拉和林被严重冻伤过,那道疤痕如今还留在他的脸上。

"看着他们,我也生出了勃勃野心,打算趁着避暑,干出一番让这些大探险家刮目相看的大事业,我要在西藏这片神秘的地图上留下不可磨灭的足迹。毕竟前些年穿越过哈拉和林,总觉得自己战无不胜,那点难度又算得了什么呢?

"谁能想到,那里竟然那么危险。我能活着走出

---

[1] 大西洋鲑的种群被划分为了洄游型和陆封型,前者顾名思义会进行溯河回游,后者则因为地貌变迁等历史原因留在了淡水中,并终生生活在淡水里。——编者注

[2] 弗朗西斯·扬哈斯本,第二次英国侵藏战争中,英国远征军的率领者。——编者注

来，简直就是奇迹。我深入过阿尔金山坳，在溪谷附近徘徊时，正打算越过冰面去对岸，谁知冰面突然破裂，我一下子就掉进水里，被急流冲走了。幸运的是，我的冰镐很快就牢牢地嵌进了坚硬的冰面，总算没成水中亡魂。可是那时我已经两天没吃东西了，身心俱疲，简直就是在地狱门口走了一遭。所幸我的个子比较小，所以身体还算比较灵活。"

立花如同打开了话匣子一般，一件接着一件地说个不停。他终于恢复了乡音，兴奋得刹不住车了。

两人一直说到黎明时分才躺了下来。立花一沾枕头就立刻陷入了沉睡。他的确是很疲惫了，但也有可能是拜长期艰苦旅行所赐的好习惯。吉川十分羡慕立花，能有这般旁若无人的自在。

第二天，两个人一起去衙门检查先行抵达的大件行李情况。吃惊的是，从和阗和于田来的商队首领都已经被软禁了四个月。据中国的官员说，他们担心立花来取行李的时候，万一出现缺斤短两的情况就说不清了，所以就干脆留下了商队首领来做保证。

这种离谱的逻辑真是闻所未闻，就连立花这样见多识广的人都被惊呆了，于是给了这两个无辜的首领足够的补偿后，立即要求衙门将他们释放了。

这天夜里，吉川与立花聊了一会儿后，便拿出从千佛洞买来的古写经给立花看，并告诉他千佛洞里似乎还藏有部分经文。这个意想不到的好消息让立花差点激动得跳了起来。在伦敦遇到斯坦因的时候，从他那里得知剩下的部分经文被卖给了伯希和，但洞中似乎还有大量存货。其实那些经文也正是立花此行的一个主要目的。后来又在迪化得知文献都被中央政府所没收，他当时也就不对此抱有任何希望了。

"还有经书？这太不可思议。在迪化的时候，人们都在说那些佛经，甚至连那位住持都被带到北京去了。"

"但我今年十月一到这里就立马奔向千佛洞去看了，还从那个不知不觉就成了世界级名人的古怪住持那里买了这一捆四十卷左右的经文。我可没有说谎，也没有夸张哦。"

"咦？那位住持也还在洞中？那人怎么跟幽灵一样，双脚就像被粘在千佛洞，怎么看怎么像中国鬼故事里的人物了。我们明天尽快去看看，要是真的还有经文，那可就是送给上人的最佳礼物了。"

不过住持的消息也是十分灵通的，他迅速得到了立花到来的消息，当天晚上便避开众人，悄悄地到访了立花所住的客栈。其实就是来做买卖的。立花等人后来才知道，住持与客栈的老板早就达成了协议，老板会暗中向住持传递消息。

十三 满载而归

客栈老板带着住持进了房间，吉川和厨师老李跟住持都是老相识了。

十月，吉川抵达敦煌后没多久就来到了千佛洞，还从住持那里赎买了四十卷的手抄古经文。吉川之所以千里迢迢从日本而来，正是为了这些经文。但吉川面对着那些古经文里的异形文字毫无头绪，根本不知道这些经文里写的是什么。不过，他的一位日本"三藏"朋友不日就要从和阗来千佛洞了，只要那位"三藏"到达千佛洞，就能判断这些古经文价值几何了。

于是吉川便跟住持商量，希望在那之前能先将经文借给他，得到住持的许可后，他将那些经文都带走了。自那以后，住持便十分期待这位日本"三藏"的出现，偶尔还会在内心想象着这位"三藏"的形象，觉得这位日本"三藏"大约也与那位法国"三藏"一样，是位满腹经纶的学者吧。

所以当见到吉川所说的"这就是我跟您提到的日本'三藏'"时，住持觉得简直难以置信。这位"三藏"的形象和想象中的相差甚远，他的皮肤被晒得黝黑，脸上还挂着一些稀疏的胡茬，看上去是个连二十岁都不到的小和尚，与自己身量肤色相似，而且无精打采的。这不就是一个稚气未脱的毛头小子吗？怎么看也不像那位让大家望眼欲穿且深受吉川先生尊重的"三藏"啊！

来这里之前，住持很是忐忑，不过一见面，他就觉得这位"三藏"应该是个很好骗的外行人。那么，他该给这些古经文开出怎样的价钱呢？住持环视四周，不露痕迹地找到了金柜的所在之处，只见那里堆满了各种行李和佛家的修行用具。

就像一眼就看出来与自己同龄的吉川是个怎样的人一样，住持也一眼就看出来眼前这位少年多半是来自日本名门的贵公子。若果真如自己所想，那么他的愿望就很有可能顺利实现。事实上，他也已经落到不得不高价卖掉这些"金蛋"的境地了。

住持觉得自己已经看懂立花此人了，又确定除了客栈老板或是老李偶尔送来茶和点心，不会有其他人打扰后，他终于放下了担忧，如贼人准备销赃一般，蹑手蹑脚地拿出装着手抄古经文的包裹将其打开，像展示商品的成衣店店主一样，将古经文一卷一卷摊开，展示给立花看。

眼前的经卷，除了《法华经》《大般若经》《无量寿经》《维摩诘经》《金光明经》等在日本早已耳熟能详的经文外，还有许多其他的经文。这些经文既不是卷首也不是卷尾，都只有中间的一两卷，不仅没有作者的年号，就连愿主施主的祈祷文、写经僧人的名字都无从查证，这自然让经文的价值大打折扣。但至少从气势磅礴的字体看来，立花一眼便知那是唐经。

让人惊讶的是，记载这些经文的黄麻纸和楮纸虽然早已不复柔软，却几乎不见虫蛀的痕迹，泛黄的楮纸上，文字若建筑物一般井然有序，且墨色鲜艳，气势雄浑。立花出神地凝视着这些经文，一动不动地待在原地。这可比吉川昨天拿来的那些更好。

"果然是唐朝的经文。这可是件好东西吧！"

吉川急切地想听到立花的看法。但立花并没有立即给予评价，而是低声念了一段自小和尚起就烂熟于心的《大无量寿经》。

"上人定会十分高兴。贫僧在喀什时也曾受英国总领事马卡尔特尼之邀鉴赏过一些唐经，但住持这里的唐经不仅保存得更好，字体也更加磅礴大气，充满阳刚之美，实在是太美了。但也恰恰因为保存状态过好，看着跟新的一样，反而少了几分韵味。住持，不知该给您多少谢礼比较合适呢？"

令人意外的是，立花的最后一句话用的是地道的北京官话。年轻"三藏"的赞美令住持感到十分满意，但他也并没有因此就放松警惕，因为接下来才是关键所在。住持更紧张了，他挤出了一丝微笑，一边装傻般地伸出了四个指头，一边恭恭敬敬地低下了头。

"四两银子吗？"

住持摇了摇头。一卷四两，五十卷总共二百两银子，如果是这个价格，那么立花还是非常愿意掏银子的。但显然住持并非这个意思，于是立花回头看了看吉川。

"吉川先生的那些经文是花多少钱买的？"

"当时估的价钱是一卷一两银子，不过我用一锭很大的马蹄银买断了，还送了两件看着像观音菩萨的佛像。我这个人向来比较鲁莽。不过一卷一两这种价格，我想后续无论卖给谁都能赚得回来吧。"

住持听不懂日语，只能忐忑地看着这两个日本人，或许是感觉到了势头有些不对，连忙换上一副阿谀奉承的笑容，这次只竖起了三根手指。斯坦因一开始就给出四锭马蹄银的滋味让他久久不能忘怀，所以他打算先用这个金额来探探两个日本人的底线，只不过住持打算卖的，是这一捆五十卷经文。

"怎么样，吉川先生？要不就听他的，三锭马蹄银便三锭马蹄银吧,让他再多给我们拿些来。这些经文从外观上看,的确十分整洁漂亮,只不过没有一本是完整的。看样子这和尚手中必定还有前后部分经文。"

"话虽如此,你也得多加小心,不要中了他的圈套。这和尚可狡诈得很,惯会耍人玩。给他两锭马蹄银便足够了,哪个糊涂东西会特意来买这些旧写经?只要耐心斡旋,他定会拿出更多的经文来。他好不容易才等到你来,当然要先留一手。"

吉川在敦煌待了很长时间,深谙当地人的心理和习性,他说的话自然也是很有道理的。于是立花正颜厉色地竖起了两根手指。住持顿时哭丧着脸,献媚似的低着头向立花拜了下去。

为了从客栈老板那里得到买家的情报,住持和客栈主人早就约定好卖出经文后的银钱二人平分。这次带来的经文,都是住持精挑细选出来的少量精品,没想到对方只开出了两锭马蹄银的价格,若是以这个价格卖出去,那自己到手的岂不就只剩下一锭马蹄银了,这可比当时吉川给的价格还低啊。想到这里,住持拼命地磕头、合掌、边哭边使劲求着他们。

立花动了恻隐之心,便打开金柜准备拿银子。这时,一直站在门外偷听的厨师老李破门而入,拉起立花的袖子便将他拉出了房间。

"先生，您可得小心啊。那和尚与这旅馆的老板之间似乎有什么猫腻，说不定在谋划着什么呢。就那些东西，一锭马蹄银都不值。您就把这件事交给我吧。我会处理好的。"

老李将自己的长袖卷了起来，摆出了一副准备动粗的姿态。立花拉住了厨子，又回头和住持约定好，今日就按他的要求支付马蹄银，但过几日要送更多的经文来给自己，又对着住持说了几句好话。住持很感动，瞬间对这位如年轻贵公子一般的日本"三藏"充满了好感。

立花为自己的意外收获感到十分高兴。

"我本来都已经打算放弃寻找这些经文了，没想到竟在大师这里找到了。这些经文对我来说太珍贵了。中国这个国家真是地大物博啊。在这儿不用铲子、不用锄头，也无须掘地三尺，就能轻轻松松地拿到国宝级的古经文，真是令人难以想象啊。不过说起来，和尚背着经文行商，饶是我这种云游四方的人也是第一次见到。这种僧人间交易佛经的行为，多少还是有点不太适应啊。"

"看着吧，这老头尝到甜头后就会继续带经文来的。但是下次一定会往里面掺些赝品。"

立花慢慢在敦煌安顿了下来。这里遗迹众多,他不仅发掘了千佛洞,连附近的故址、废墟也一并发掘了,能移动的不能移动的,只要找到,就都想办法搬走。他还打算继续探索其他的几处佛洞、古迹,但中国各地的革命运动已经逐渐从中原蔓延到了边疆。战火已经烧到了凉州和肃州,兰州城内各种谣言也是愈演愈烈,这让立花开始担忧起来。

一些现象的确能够反映出局势的紧张。敦煌的衙门很担心一旦敦煌战火纷飞或是暴徒大肆行凶,会对外国人造成伤害,而且他们也无法妥善保管外国人存在衙门的贵重大件行李,于是当地衙门希望立花这些外国人赶紧离开敦煌。的确,当前的敦煌城内暗流涌动,敦煌城一面做好被包围的准备,粮食和武器源源不断地被送入城内,不明来历、身上有着可疑武装的士兵也以肉眼可见的速度增加。一旦城内出事,最有可能成为危险分子的就是这些士兵。形势非常紧张,不能再耽搁了。

立花与吉川商量后,便收拾行李准备出发。他们计划在一周内到达安西,大件行李由吉川带走,藏于天山以南的安全地带,而立花则从戈壁出发,经蒙古国前往包头,再由包头前往北京。可以说,这最后的一段旅程充满了挑战。

日本京都发来了加急电报,指示立花即刻从敦煌出发,避开中国内陆返回日本。革命之火的迅速蔓延,不仅让敦煌这座边境城市感到颤抖,日本方面也很快就收到了消息。所有人似乎都在一夜之间忙碌了起来。

即便如此,千佛洞也是一定要探访的。一月的最后一天,立花与吉川计划在千佛洞过夜,于是二人骑马赶往了千佛洞。立花在洞内探索了两三日,也没有看完整个千佛洞,只能先挑了几个重要的石窟停驻。即便只探寻了几个石窟,立花也被深深地撼动了,并暗暗发誓定会再来一次。原来存放大量经卷的北边石室如今已经完全空了,立花凝望着墙上那幅树下美人像,心中感慨万千。这幅美丽的壁画,就这么静静地在此隐匿了近千年。想到这里,立花又想起了曾在伦敦遇到过的斯坦因。

那日,立花在寺观中的禅室中借住了一晚,住持小心翼翼地运来了许多古写经。与上次在客栈中见到的那批经文相比,这批经文的质量很差,损毁也较多,而且尽是些像经律论一样无甚价值的东西。

"住持大人,您这儿应该还有不少吧,我想买走您所有的经卷,所以请全都拿出来让我看看吧。"

这个年轻的"三藏"和以前那两位红发"三藏"一样,都说想要买走住持手里所有的经卷。住持非常不喜这个"全部"的说法,如果把自己手里的东西全都卖出去了,不就相当于打开鸡笼的门,把一只会下金蛋的鸡给放跑掉了吗?住持支支吾吾地不愿回应,于是年轻的"三藏"又接着说道:

"住持大人，我曾在伦敦与斯坦因先生亲切会面过。他告诉我，您曾非常大方地以十分低廉的价格向他和后来的法国伯希和先生出售了经文，您一定还记得这些事吧？这两位来自英国和法国的博士，虽然在学术界都是响当当的人物，但也只是单纯的学者罢了。而我则不同，我是佛教徒，也就是真正的佛门弟子。

　　"您看，除了佛缘外，我们还拥有同样的肤色，而且使用的文字也都是方块字，可见我们之间的缘分是何等深厚。更何况我不仅很有诚意，需求量也比前两位博士多出许多，您就不能再多拿出一些经文吗？您对我也太见外了吧，住持大人。

　　"小僧以我佛的名义起誓，绝不做暗算他人之事。您我皆为佛门弟子，住持大人不也应该为我在做的神圣事业助一臂之力吗？我可一直都是按您的要求供奉香火的。"

　　立花的言语中带着年轻人的热情。不知住持是否听懂了立花说的话，但他似乎没有丝毫动容，只是不断地打着哈欠，似在催促对方赶快结束似的。听完立花的一番劝说后，住持又与进门时一样，用蝙蝠般令人毛骨悚然的姿势走了出去，留下不知怎么才好的立花。

　　第二天早上，立花与住持两人不约而同地朝着僧房奔去。立花冷不防地一把抓住了张皇失措的住持，住持嘴里嘟嘟囔囔地说着话，犹豫着要不要再拿出些什么东西来。不过最后，住持还是给立花拿出了书柜中所藏的一百四五十卷经文。

住持的书柜里藏了多少经文，立花并不清楚，但他知道一定还有藏货。不过，今天拿到的和昨天夜里的那些加起来，也有将近两百卷经文了。立花将这些经文绑到马背上，又让住持明日到客栈拿报酬后，便胜利归去了。

第二天傍晚，住持又带着二百来卷要售卖的"商品"出现了。经过吉川的提醒后，立花注意到了这些经文中混杂了不少赝品。

在喀什一带，以英国总领事马卡尔特尼和俄国总领事彼得罗夫斯基为首的文物贩子曾大批量购买出土的文物，随着文物价格的不断上涨，市场中出现的赝品数量也越来越多。这位王住持也学会了那一套"鱼目混珠"的技巧。每一位名人在千佛洞里买了东西的消息，都会传到世界的每个角落，商机自然也就随之而来了，最后所剩无几的那些真迹就会成为引来买家的诱饵，那不就是取之不尽用之不竭的"金蛋"了吗？王住持可谓是另辟了一条财路啊。不过仔细想想就不难理解，石室里的藏经一天比一天少，这或许是他眼下唯一的出路了。

这些经文的真假其实很好辨别。虽然纸质、墨色和字体都仿造得很逼真，但是二者之间的差别还是一目了然。立花带着假笑，当着住持的面，状似无意地将真品和赝品分成了两堆，让人丝毫不觉他已识破了住持的诡计。这一切，都是为了最后的一击。

检阅完毕，立花不快地咂着嘴，语气已不复往日的温和：

"住持大人，您这多少有些看不起人了吧。就在前天，我还与您真诚地进行过交谈。既然我们都是佛门弟子，又如兄弟般有着相同的肤色，那么自然应该互相帮助吧？您倒好，往经文里掺赝品，这是不是有些过分了呢？若只是一两本赝品也就罢了，我自然也不会为难您。可眼下，您看看，您这就是欺人太甚了。

"若您果真贪念至此，我自然也不会坐以待毙。吉川先生，能麻烦你同我和老李一起，把这个和尚绑起来吗？还要再麻烦你跑一趟衙门，告诉他们，就是有过前科的那个千佛洞和尚，又打算把禁止倒卖的国宝卖给外国人了！"

迄今为止，无论对方说什么，住持都是一副不为所动的表情，但一听到衙门，他瞬间脸色大变，双手合十拼命地为自己辩解起来。

"大人，日本的'三藏'大人，求您别去衙门告状啊,我真的是无辜的啊。那些国宝早在两年前就让政府全部收走了,如今我手头的这点东西自然都是我的私物啊。若是这些东西也被抢走,那我可就真的没有活路了啊!

"我只是个不学无术之人,完全看不懂佛经上写着什么,说起来也是可悲。所以不论是旧是新,不管成书年代是早是晚,在我眼里看来都是毫无差别,反正都是一叠看不懂的东西。

"首先,我一直不理解包括大人在内的各国'三藏'大人们为何愿意出高价购买那些破烂废纸。比起破破烂烂的纸头,新书肯定要漂亮许多啊,再说,新的东西不该更让人喜爱吗?大人,如果您需要,这些就都拿走吧,如果您还想要,我就再去给您拿一些来。要是到衙门去告状,您想要的佛经可就都拿不到了。还请您高抬贵手,千万别把我带去衙门啊。"

住持一边哀求,一边观察立花的脸色,看看逃跑无望,只好心不甘情不愿地走出了房间,过了不到十分钟又折返回来,双臂各搂着一包经文,看着当是珍藏之物。他的身后,跟着紧握拳头、一脸凶狠之相的老李。

立花打开了那两个包裹,一个包裹中放着品相很好的唐经抄本,大部分都是前几天见过的那些《法华经》的下文。另一个更重一些的包裹中放着一个非常漂亮的夹板,中间是一册写在棕榈叶上的藏经,难怪这么重。立花又恢复了平日的温和模样，一边拿出金柜的钥匙，一边对住持说：

"住持大人，您那里肯定还有藏货吧，您还打算捂到何时呢？与其放着这些可能让您再次心生罪恶的东西，不如趁着现在就全部拿出来，斩断一切烦恼和欲望，我这可是为了您着想啊。"

大概是觉得自己现在安全了，立花不会再扭送自己去衙门了，住持又恢复了原先那副油盐不进的模样，只等着立花拿出银子来。

突然屋里传来了老李的一声："混蛋！"接着，住持的侧脸就挨了好几拳。住持倒在地上，满脸鼻血，老李又上前补了一脚，随即拉起住持的胳膊用力把他翻了过来。一套动作如电光石火般，快得让人甚至都没有反应过来。

立花沉着脸盯着老李：

"你怎么能如此粗鲁。快把老人家扶起来，好好赔礼道歉。这要是受伤了可怎么好？粗鲁也要有个限度。"

"立花先生，对付这种家伙只能靠拳头。跟他讲道理也是白费口舌，他就只会装无辜，表面上跟你甜言蜜语，背地里无恶不作。这家伙和客栈老板勾结在一起，在这个穷山恶水的地方干着倒卖旧货的勾当，还想骗各位先生们。他干的那些事我都知道,早就想揭露他的真面目了,今晚可算是被我抓住了机会,千万不能让他跑了。先生,您一个子儿都不用给他。谁知道他手里的这些佛经卷轴是怎么得来的呢。"

虎背熊腰的老李死死盯着躺在地上的住持,大有只要住持爬起来,他就会立刻上前补一拳的架势。

"你怎么可以打同胞佛门弟子,这太过分了。快把他扶起来道歉。"

"佛门弟子?我看他就是一坨屎。先生,跟这种混蛋做同胞,是我的悲哀。"

"如果你不愿意道歉,那就让我来替你道歉。不过既然你不服从主人的命令,那么很遗憾,我要立刻解雇你。"

老李突然如同一个孩子般失声大哭。听到哭声,客栈老板也走了进来,两头劝慰着,好歹算是圆满解决了。住持拿到了梦寐以求的马蹄银,还意外地得到了慰问费和一些捐赠给千佛洞的善款,便心满意足地离开了这位贵公子"三藏"的房间。

住持一出房门,就把还没焐热的银两分了一半给客栈老板。老板拿到银子后也给老李分了一半,感谢老李的突然一喝。

再有三四天,立花等人就要离开敦煌了。立花觉得自己不仅诚意满满,也让住持看到了自己的本事,若他手里还有经文,想必定会再来和自己做交易,所以心里暗暗期待着住持的再次出现。可是也不知是被打怕了,还是怕被衙门发现,抑或是拿到了足够的银子,或者是手里已经没多少货品了,总之,住持再也不曾露过面。

立花等人抵达安西,来到电报局,看到那里正躺着两封发给自己的电报。两封电报均来自京都本山,且内容也基本一致,都是命令他立即经西伯利亚返回本山。一封是让他绕道列宁格勒,另一封则是让他绕道喀什。可见中国内地的电报通信已经被切断了。电报局局长的桌子上放了一则署名"怪杰袁世凯"的用于稳定人心的布告,大致意思是清王朝已经灭亡,如今的中国已经是共和政体了,定会努力稳定秩序,保证人民安居乐业云云。

十四　尘缘如梦

"哎哟，不知不觉竟然说了这么久。漫长的白天就这样过去了，假如再多啰嗦几句，恐怕再有一晚都说不完。好不容易找到了听众，我这老头子也有点得意忘形了，真是给你添麻烦了。刚好也谈到了革命，不如就此结束吧。嗯……我记得中国的清朝宣统帝退位的时间是在日本的明治四十五年（1912年）二月十二日，也是日本的重大节日——纪元节[1]的第二天。现在已经过去二十七年，都是些陈芝麻烂谷子的旧事了，想不到现在的年轻人听来反而觉得新鲜。最近日本变化非常大，中国也起了变化。这次的事变[2]真是让人感慨万千啊！"

"革命爆发的时候，北京图书馆里的敦煌经没事吧？"

"我也不是很清楚，听说四处流散不少，有价值的那些经卷都下落不明了。或许我听到的消息里面也有些谣言吧。"

---

[1] 日本祝祭日中四大节之一，第二次世界大战结束后被废除，其后改为日本建国纪念日。纪元节日期定于新历2月11日。
[2] 指1937年日本开始全面侵华的卢沟桥事变。——编者注

"敦煌当地的那些人后来怎么样了？"

"说来有趣，1914年，也就是欧洲战争开始的那年，斯坦因开始了他的第三次中亚探险，这次他又去了让他魂牵梦绕的千佛洞。在分别后的第八个年头，王住持再次见到了斯坦因。他大喜过望，极力献殷勤，仿佛欢迎老朋友一般，把斯坦因离开敦煌期间发生的大小事情一股脑儿地讲了出来，最后竟呜呜地放声大哭，说自己只恨当时没有答应斯坦因提出的将经卷全部买走的请求，只因一念之差，就埋下了祸根，最后竟被人以青龙刀相威胁，不仅经卷遭强行霸占，就连自己的性命都险些保不住。

"王住持大抵是因为上了年纪，人变得十分懦弱，但脑子仍然非常灵光，将剩下的最后五箱写经悉数卖给了斯坦因，这可是他在漫长的岁月中凭借着自己的努力才保存下来的宝贝。或许他的手段不大光彩，但他确实有着超乎常人的坚韧，也的确经历了诸多磨难。斯坦因念及往日交情，见这位萍水相逢的道士如此依赖自己，也豪气地给了他很多马蹄银。在斯坦因看来，多亏了这位道士他才能获得爵位，无论拿出多少香油钱，这笔买卖都非常划算。王住持也看透了斯坦因的心理，这次他或许已经盘算好了要回到山西故乡，在那里买些田产养老。

"关于敦煌的故事,我大概也就了解这么多。王住持竟然对一个英国人如此信赖,这真是一件非常有意思的事情。可以说这是斯坦因的一段孽缘吧。

"还有,据说美国某所大学的某位博士到了敦煌后,为千佛洞的破败不堪感到痛心不已,不愿放任其自行毁灭,便撬走了几处壁画,又悄悄抬走了几尊佛像,准备带回去捐给某些大学或博物馆。据说当时千佛洞中空无一人。"

"先生,您说的可是华尔纳博士?就是在这次战争中将奈良和京都从轰炸中拯救出来,一度被日本奉为神明的那个人?但我也听说,自壁画事件后,他便被中国人称为美国的大盗了。那伯希和呢?"

"不久后,伯希和就成了巴黎大学的教授。他带回去的东西或被收于国家图书馆,或被收于吉美博物馆。总而言之,一旦英法两国的研究全部完成,东方文化史一定会发生翻天覆地的变化。

"每每想到这里,我都懊悔不已,我们不是没有机会,但最终还是没能将那些经卷带回日本。其实在日本文化中,既含有很久以前直接引入的敦煌文化体系中的精髓,又包含了经后世传承再传入日本的精华,从这一点来看,我们倒也无须垂涎于邻居家的珍馐美味。就拿法隆寺、正仓院来说,世界上还有哪个国家拥有这样的瑰宝？敦煌文化的确有其独特的价值，但整个日本也是世界文化的一大宝库，我们两国都应该对自己的文化充满自信。"

"听完您的故事，我也忍不住想要去敦煌看看。"

"的确如此。就连我这老骨头现在都还做着这样的梦呢。你还年轻，等局势平稳后，一定要去一次！坐上飞机，一眨眼的工夫就到了。你们的职责就是实现我们这些人的梦想。能再次踏上敦煌土地的时代终会到来。说起来，如果有机会的话，我愿意花一打马蹄银找斯坦因买下他的藏品。哈哈……"

香槟酒桶银色的桶壁上结了一层水珠。古经主人将里面的白葡萄酒罐取出来，为我倒了一杯，然后将剩下的酒一滴不剩地倒进了自己的杯子里，像小鸟一样咂了咂嘴。

"对了，说到葡萄酒，我就会想起唐太宗。他在征讨西域时得到了上好的葡萄种子并带了回去，将其种在禁苑之中，亲自酿造了八种葡萄酒赐予群臣，葡萄酒也由此得以流传开来。简而言之，当时已经掌握了西域的酿造法。

"后来，带有异域风格的东西越来越流行，就连娼妓们也纷纷涌入长安酒楼里——其实就相当于现在的咖

啡馆——甚至有金发碧眼的'胡姬'卖唱。这才有了李白那首诗:

五陵年少金市东,银鞍白马度春风。
落花踏尽游何处,笑入胡姬酒肆中。

"可以说当时的长安极具异域情趣,也十分风雅。如今没有胡姬,只有我这形如禅月罗汉的老人为你倒酒,说来你也真是够可怜的。

"罢了,我们先喝了这杯葡萄酒吧!如果硬要找个借口,想来,我这关于沙漠地带的故事也是热时热杀,寒时寒杀[1],并非全无可取之处。

"但你听了整整一天的故事,到头来只讨得一杯白葡萄酒,也实在说不过去。我其实可以送你一本敦煌经作为谢礼,毕竟这都是些用马蹄银论包买下的东西。但我心中还是有些许不舍,如蒙不弃,不妨带一本鄙人的涂鸦之作回去。

"记得有位西域诗人为纪念这样的良宵专门写了一首诗。《唐诗选》中有诗云:

---

[1] 出自《碧岩录》第四十三则。僧问洞山:"寒暑到来,如何回避?"山云:"何不向无寒暑处去?"僧云:"如何是无寒暑处?"山云:"寒时寒杀阇黎,热时热杀阇黎。"洞山以寒暑喻生死,谓寒时安住于寒处,热时安住于热处,无有分别,始得自由。

君不闻胡笳声最悲，紫髯绿眼胡人吹。
吹之一曲犹未了，愁杀楼兰征戍儿。
凉秋八月萧关道，北风吹断天山草。
昆仑山南月欲斜，胡人向月吹胡笳。
胡笳怨兮将送君，秦山遥望陇山云。
边城夜夜多愁梦，向月胡笳谁喜闻？"

古经主人双眼微闭，吟诵完整首诗，缓缓地将桌子上的唐墨拿了起来。我听着老人的吟诵声，这才发现自己因为刚才听故事听得太入神，竟然忘了将桌上那卷书于黄麻纸上、写有"武友二年"字样的《梵纲经》卷起来。伴着老人的吟诵声，我将经卷小心翼翼地卷好，最后珍重地扣上象牙扣。

挚爱敦煌
——记佛教徒松冈让

1

某日，我突然想拜读敦煌佛经，便到根岸参观了位于中村不折故居里的书法博物馆——从山手线的莺谷站步行几分钟即可抵达，事实上我已许久不曾踏足此地了。

中村不折是位西洋画家，名鉎太郎，雅号孔固亭山人。昭和十八年（1943年），也就是松冈让单行本《敦煌往事》出版的那一年，中村不折与世长辞，享年七十七岁。中村不仅精通历史画，在日本画和书法方面也造诣颇深。他曾亲自收集中国的书法作品，并在自己家中创办了书法博物馆。

《敦煌往事》的主人公原型便是松冈让自己。主人公在一位自称孔固亭的老收藏家的小博物馆里一边喝着茶，一边欣赏老收藏家的得意藏品——楼兰经。兴致大发的老收藏家还从书库中取出敦煌写经，说起了英国斯坦因及法国伯希和等列强探险队轮番登场的"文化侵略古战场"——敦煌的故事。

敦煌一段刻骨铭心的过往，就在那个精彩纷呈的舞台上徐徐展开。我也从书架上取下《敦煌往事》，还久违地冒出了去书法博物馆走一趟的念头。遗憾的是正遇上闭馆时间，只能透过藤蔓缠绕的封闭的大门，仰望那栋钢筋混凝土建造的二层楼高的白色博物馆。

"说起来，我收藏的敦煌写经有一百五十本左右，而且基本上都有年号。当初买下来的时候，它们的价格就已经相当高昂了，但起码像我这样的人还能勉强买得起，而现在它们每一件都价值连城。

"当初这些经卷的价格从一卷五六百日元到一卷一万日元不等，而斯坦因最初从千佛洞的住持王圆箓手中买下了整整二十四箱写经，其中不仅包括汉文的写经，还有用梵文、藏文以及其他西域文字书写的经卷；此外，还有五箱绢画、丝织品、佛像等，共计二十九箱。换句话说，他仅用了不到十锭马蹄银，就买走了足足需要一整个沙漠商队才能运走的宝贝，着实让人震惊。按照当时的行情来换算，他用不到一千日元就骗走了这些宝物，简直是匪夷所思。"

本书便是基于孔固亭老人所述的文化侵略的史实所写就的故事。1908年，以斯坦因为代表的列强探险家们如鬣狗般从中国掠夺了大量敦煌出土的经文、佛画、佛像。这些写经"多则一万日元，少则五六百日元"的价格，以及当年斯坦因用骆驼队驮走的近三十箱文物仅"花了不到一千日元"，自然都是指战前[1]的价格。

对于物价的比较，或许最合理的参考物就是大米。若以我们手头的文库书籍价格进行比较，则战前售价二十钱的文库本，如今的售价为约两百日元，即为战前价格的千倍。可想而知，当时价格为一万日元的写经，如今的价值可能已高达一千万日元。而斯坦因以如簧巧舌从敦煌千佛洞（"敦煌莫高窟"）藏经洞保管者——目不识丁的文盲住持手中攫取的近三十箱敦煌古籍的代价，若按现在的物价来看，甚至还不到一百万日元。

作者让讲述者将当时的斯坦因等探险队形容成《一千零一夜》中的盗贼团。关于这些被劫掠品，据对伯希和二十四箱古书调查后发现，其中有两千卷善本，五千卷不同程度破损的残本，合计约七千卷；五箱画卷，丝麻画、佛教刺绣共计约五百件，绘画工艺品约一百五十件。

若以今日时值估算当年被斯坦因掠走的那些文物，单就写经类就值数千亿日元了吧。再加上美术工艺品，那简直就是天文数字了。不过准确说来，斯坦因掠走的这些藏品早已被妥善存放在大英帝国境内，成了无人知晓究竟身在何方的无价之宝了。

作者一开篇就以讲述者的身份反复强调斯坦因夺走的敦煌古籍"仅用了不到十锭马蹄银便掠走"的行为"令人震惊"，可见作者本人对斯坦因和伯希和等20世纪初的列强丝

---

[1] 指第一次世界大战前。——编者注

绸之路探险队是持着批判态度的，用作者的话说就是"西方列强文化侵略的所谓绅士们"。

归根结底，就是究竟应该羡慕这些丝绸之路探险队，沉醉于他们的浪漫，为他们带回了无尽的珍宝而感动涕零，还是应该站在批判的立场看待这些人的文化侵略？不过在松冈让笔下，从战前的旧版开始，作者便一直使用后一种说法，明确这是彻底的文化侵略。

三四年前，我十分尊敬的中国美术史学家邓健吾教授及已故的中岛健藏先生曾在一档讲述敦煌的电视访谈节目中谈及，美国的华尔纳博士也是一个彻头彻尾的文化侵略者，也是偷走敦煌莫高窟壁画、雕像的小偷。这一访谈内容曾在周刊杂志中引发了巨大的轰动。部分敦煌学者也对华尔纳表示了强烈的谴责。

我们对这种批评之声或许有争议，但站在中国人的立场看来却是确凿无疑的，因为无论是斯坦因、伯希和还是华尔纳，其本质上皆为学匪，即"以学问之名行窃匪之事的贼人"。

松冈让在战前的旧版中并未提及华尔纳的行径，但在战后新版中新增的最后一章节，出现了以下状似随意的描述：

"据说美国某所大学的某位博士到了敦煌后，为千佛洞的破败不堪感到痛心不已，不愿放任其自行毁灭，便撬走了几处壁画，又悄悄抬走了几尊佛像，准备带回去捐给某些大学或博物馆。据说当时千佛洞中空无一人。"

"先生，您说的可是华尔纳博士？就是在这次战争中将奈良和京都从轰炸中拯救出来，一度被日本奉为神明的那个人？但我也听说，自壁画事件后，他便被中国人称为美国的大盗了。"

我曾在哈佛大学的福格美术馆见过这些来自敦煌的文物，也在敦煌莫高窟中亲眼见过被华尔纳剥离后留下的墙面，那可真是触目惊心啊。所以我觉得对华尔纳的批判确实言出有据。

近年，同志社大学的奥蒂斯·卡里教授基于详细的调查研究，对于华尔纳是否真是"把奈良和京都从战火中救出的恩人"这一问题，给出了否定的答案。[《文艺春秋》昭和五十年（1975年）九月刊]

此外，除了那些外国探险家外，对列强文化侵略持有批判态度的《敦煌往事》作者还将目光转向了那些成为列强爪牙却扬扬自得的伪中国知识分子。作者借着斯坦因的目光，看到了藏经洞的住持道士王圆箓及斯坦因的秘书蒋孝琬这两类人。

斯坦因此刻才清晰地感受到，这个世界上一直生活着两种人，每个国家都有。一种是像蒋孝琬这种精通外语、几乎与外国人无异、让人看不出国籍的"精英人才"，这一类人能成为外来者的得力助手，很让外来者省心，可没有鲜明的自我，骨子里尽是软弱，也十分无耻，只要能得利，哪怕损害国家利益也在所不惜，还总有自己的一套说辞，沦为别人的奴隶还沾沾自喜。

而另一种人呢，就是浑身散发着土气的住持那样的，虽然目不识丁，却带着一股执拗的力量的人。他们十分无知，所以才能心安理得地以善人自居。

相比之下，作者似乎对遭受斯坦因与伯希和愚弄、威胁甚至欺骗的无知善人王道士还存有着些许好感；而对蒋孝琬一类人生不出半分好感，或许也是缘于作者自身性格的原因吧。

日本人中恐怕也有不少像蒋孝琬般崇洋媚外、国籍泯灭的知识分子吧，只不过或许没有蒋孝琬那般严重。譬如如今社会就有一些见不得华尔纳被人批判，否则就会立刻出现过激反应的人，就与那蒋孝琬如出一辙。

2

《敦煌往事》主要讲述20世纪初期在丝绸之路上连番登场的三支探险队进入敦煌后的故事。首先是1907年5月中旬，英国探险队的斯坦因一行首度出现在敦煌大地上，接下来是十个月后的1908年2月底，法国探险队的伯希和一行意气风发地踏入敦煌。尽管作者将最初的两支队伍都称为"文化侵略的绅士",但对于最后进入敦煌的日本探险队,即1910年进入敦煌的大谷探险队,却没有使用明显的批判性语言,这与对斯坦因和伯希和的态度可是有不同的。

更不可思议的是,1908年被本愿寺住持大谷光瑞派往丝绸之路的大谷探险队青年,其原名应为橘瑞超,但不知为何,在这个故事中却成了"名叫立花的探险家"。

与斯坦因、伯希和一样,"立花"也从王道士的手中得到了藏经洞中的写经。为了与橘瑞超在敦煌会合,大谷探险队的另一位队员吉川小一郎先行一步来到此地。在吉川所著的《支那纪行》中出现了如下记载:橘瑞超威胁王道士,若不顺从就将他告至衙门。就这样,吉川一行人把王道士趁着夜色偷偷带来的两百卷经卷,从开价的三百两一路还价到了五十两。

而在本书中,立花之所以威胁王道士要去衙门告发,是因为经卷当中掺杂了赝品,对于自己恫吓砍价之事则是丝毫未曾提及:

"住持拿到了梦寐以求的马蹄银,还意外地得到了慰问费和一些捐赠给千佛洞的善款,便心满意足地离开了这位贵公子'三藏'的房间。"

这些情节与吉川日记所述内容截然不同。

由此可见,与现实中的橘瑞超相比,故事中的立花这一人物形象,很大部分是来自作者松冈让的创造。那么,立花被塑造成了一个什么样的人物呢？立花自己说过：

> "住持大人，我曾在伦敦与斯坦因先生亲切会面过。他告诉我，您曾非常大方地以十分低廉的价格向他和后来的法国伯希和先生出售了经文，您一定还记得这些事吧？这两位来自英国和法国的博士，虽然在学术界都是响当当的人物，但也只是单纯的学者罢了。而我则不同，我是佛教徒，也就是真正的佛门弟子。您看，除了佛缘外，我们还拥有同样的肤色，而且使用的文字也都是方块字，可见我们之间的缘分是何等深厚……小僧以我佛的名义起誓，绝不做暗算他人之事。您我皆为佛门弟子，住持大人不也应该为我在做的神圣事业助一臂之力吗？我可一直都是按您的要求供奉香火的。"

从此处立花说的"我是佛教徒，也就是真正的佛门弟子""以我佛的名义起誓""为我在做的神圣事业助一臂之力""我可一直都是按您的要求供奉香火的"等言辞中，都可以看出，立花被塑造成了一副贵公子似的僧人形象。

于是，我突然有了一个推测：立花口中的"我"，莫非不是别人，正是作者自己？是作者将自己投射到了立花这个人物形象之中了。"我这样的佛教徒"会不会就是作者自己呢？而且还是一位敢说"以我佛之名起誓"的虔诚佛教徒。

在此之前，我对松冈让的了解仅仅停留在"夏目漱石女婿"的这一身份上。我从小学起就听过这个名字了。某次，我无意中在母亲订阅的女性杂志增刊上读到久米正雄的小说《破船》，并得知松冈让曾与久米争夺过漱石的长女笔子。后来我才知道，松冈与笔子的婚事，也导致他在文坛静默了很长一段时间。

因为对松冈让此人并无太多了解，恰好最近刚刚认识了松冈先生的女婿半藤一利，我便上门拜访，希望他能给我解惑。果然不出我所料，我的猜测全部正确。

半藤先生告诉我，松冈让原本就出身佛门，本名善让。明治二十四年（1891年），松冈出生于净土真宗本觉寺，与现在一样，这个寺院当时也属于长冈市。这么说来，大正十二年（1923年）出版的那本让松冈在文坛一跃成名的长篇小说《保护法城的人们》，更像是他的一部自传小说。小说的主人公出生于雪国的净土真宗寺庙中，因无法忍受堕落的寺院生活，与身为寺院住持的父亲发生了激烈的争执，最终向充满虚伪的法门毅然举起了反旗。

在与半藤一利的交谈中，松冈让给昭和十年（1935年）出生的三女儿，也就是现在的半藤夫人，取名为"末利"这件事引起了我的注意。

"末利"原本是一种茉莉花的名字，用这种香气浓郁的白色小花编织而成的花环在汉语中称为"花鬘"。之所以这个名字引起我的注意，是因为借助祇园精舍而名扬天下的舍卫国波斯匿王的夫人芳名就叫"末利"，《胜鬘义经》中出现的胜鬘夫人之母，便是这位末利夫人。

据说女儿末利出生之时，松冈正在撰写《释迦牟尼的生涯》一书。三年后的昭和十三年（1938年），松冈首次将《敦煌往事》的初稿刊登在《改造》杂志的十月刊上。

《胜鬘义经》中最让人感动的，便是鲜花般娇嫩芬芳的胜鬘夫人对释迦牟尼那热诚、真切的信仰告白，而让当时的松冈让最受震撼的则是十大受，即胜鬘夫人对释迦牟尼所发的，以"世尊，我从今日，乃至菩提，于所受戒，不起犯心"为首的十大弘誓。

至少当时的松冈是十分关注《胜鬘义经》的，这一点从斯坦因掠夺的物品清单中出现的《胜鬘义经》中就可窥探一二，《胜鬘义经》成书于北魏正始元年（504年），对此，松冈做了补充说明："504年为日本武烈天皇在位期间，该经书大约是千佛洞中出土的最古老的文物了。"

不过我们应该注意到，之所以写这本《敦煌往事》，除了松冈让这位虔诚的佛教徒对丝绸之路心驰神往，对19世纪初的丝路探险抱有极大的好奇心，对斯坦因与伯希和等掠夺文物后形成的"敦煌学"体系产生了浓厚的兴趣外，更是由于他对一心求法、朝圣于荒漠丝路、远渡印度的高僧，法显三藏、玄奘三藏、义净三藏，以及佛教东渐后从印度远道而来的弘法大师等高僧，崇高的敬畏之情及深切的追思。

对松冈来说，敦煌既是佛教东传的要地，更是熠熠生辉的佛教兴盛之地。至于大谷探险队，从现存于东京国立博物馆的大谷探险队掠夺文物清单中不难发现，大谷探险队的双手并不干净。他们掠来的文物中也不乏从丝绸之路上的佛教遗迹中剥下的壁画残片，以及被揪下来的雕像头部。

关于这一点，比任何人更热衷于研究且富有批判精神的松冈不可能完全不知道。尽管如此，松冈还是将大谷探险队与其他队伍划清了界限，或许是因为他的目的并不在于记述真正的大谷探险队，而是在描绘自己心目中的"大谷使节团"。

松冈将斯坦因、伯希和、德国的勒柯克以及俄国的奥登堡等人所率领的列强丝路探险队皆称为"探险队"，却有意识地将大谷探险队区分开来，单独称为"使节团"。大谷使节团的使命就是追寻法显三藏与玄奘三藏的求法朝圣之迹。与此同时，虚构人物立花也被描绘成一位充满使命感、为修佛道不惜付出生命的青年信徒。作品中立花所说的"我"，其实指的正是松冈本人。不难想象，作者把自己对敦煌的无限憧憬、对丝绸之路求法朝圣的痴梦，都寄托在了这部作品当中。

据说，松冈让生前曾向半藤说道："有生之年无法踏上敦煌的遗憾，我已尽数写于此书之中。"一句"遗憾"着实让人唏嘘。所以这本《敦煌往事》其实也是一部饱含作者对敦煌挚爱之情的心血之作。

昭和四十四年（1969年）七月二十二日，松冈让与世长辞，享年七十八岁，其名作《敦煌往事》则永留人间。今年，即将迎来他的第十三周年忌日。

上原和（日本成城大学教授）
1981年